ECOLE

DE

L'HARMONIE MODERNE.

PRATIQUE
LEÇONS À RÉALISER

LIVRE SECOND

PREMIÈRE SECTION
HARMONIE CONSONNANTE

LEÇONS POUR L'EMPLOI DE L'ACCORD PARFAIT, MAJEUR ET MINEUR
ET POUR CELUI DE QUINTE MINEURE.[1]

*Les Leçons de N° 1 à N° 10 inclusivement se rapportent au contenu du
présent Livre, c'est-à-dire aux neuf chapitres du second Livre.*

N° 1
Basse d'étude.

*Réalisez cette leçon à 2 et à 3 parties, en vous conformant à
ce qui est prescrit dans la Théorie, parag. 118 à 124 inclus¹ et 126.*

N° 2
Basse donnée.

à 2 et à 3 Parties.
(Voir les parag. 108 à 111 inclusivement.)

(1) Les Leçons à deux voix seront écrites pour Soprano et Basse (clef d'ut première ligne et clef de
la quatrième ligne); celles à trois voix seront écrites pour Soprano, Contralto et Basse (clef d'ut troisième ligne pour le Contralto); et celles à quatre voix pour Soprano, Contralto, Ténor et Basse (clef
d'ut quatrième ligne pour le Ténor). On suivra, pour la superposition des parties, le tableau du diapason
des voix page 67 de la Théorie.

Gravé par M.ᵐᵉ Langlois.   Imp. Jeannot rue Bellefond 19.

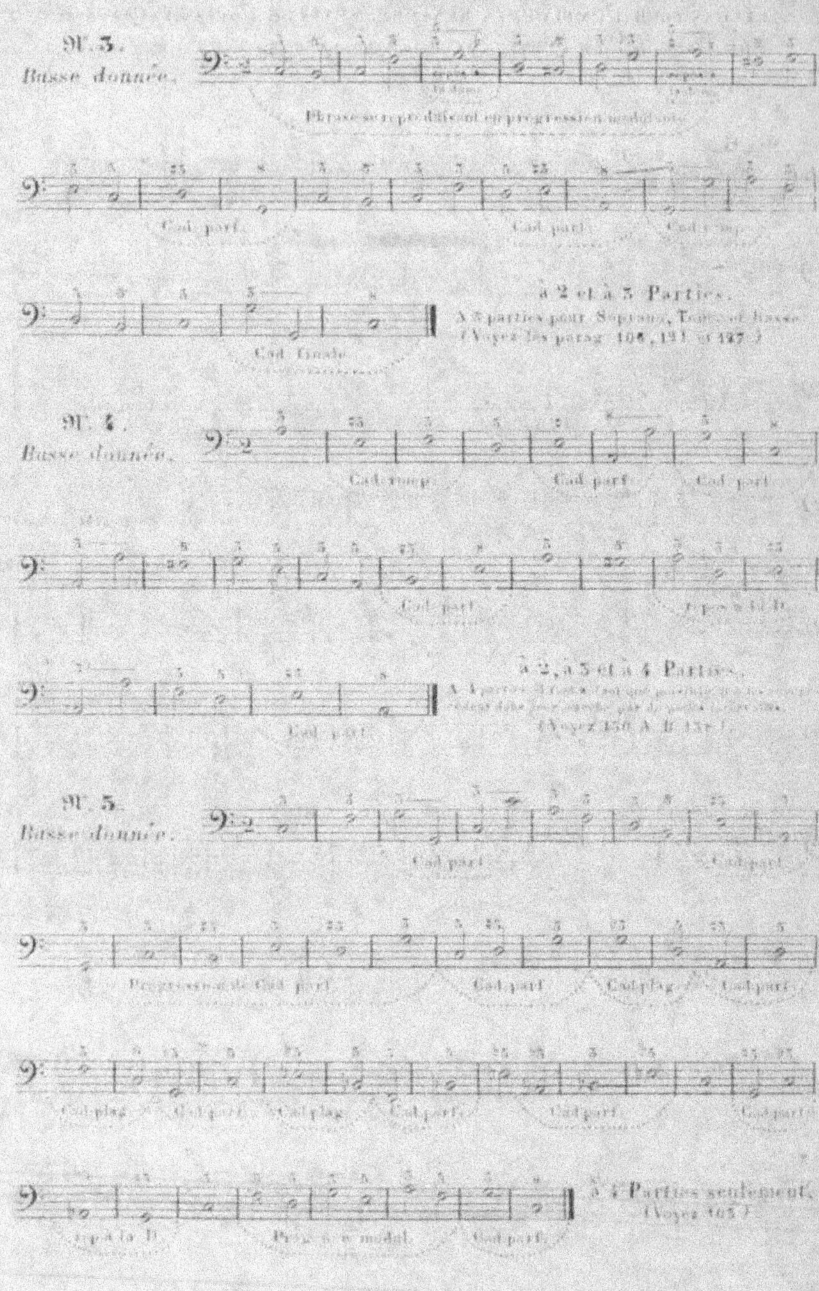
N° 3.
Basse donnée.
Phrase se reproduisant en progression modulante
Cad. parf.
Cad. parf.
Cad. parf.
Cad. finale.
à 2 et à 3 Parties.
À 3 parties pour Soprano, Tenor et Basse.
(Voyez les parag. 106, 131 et 147.)
N° 4.
Basse donnée.
Cad. romp.
Cad. parf.
Cad. parf.
Cad. parf.
à 2, à 3 et à 4 Parties.
(Voyez 150 à 154.)
Cad. parf.
N° 5.
Basse donnée.
Cad. parf.
Cad. parf.
Progression de Cad. parf.
Cad. parf.
Cad. plag.
Cad. parf.
Cad. plag.
Cad. parf.
Cad. plag.
Cad. parf.
Cad. parf.
Cad. parf.
à 4 Parties seulement.
(Voyez 103.)
Cad. parf.

LEÇONS POUR L'EMPLOI DES RENVERSEMENTS DE L'ACCORD PARFAIT,
DE L'ACCORD DE QUINTE MINEURE, ET DE DIVERSES CADENCES.

Retournez à la Théorie et étudiez avec soin le chapitre XI.

N° 9.
Basse à chiffrer.

N° 10.
Basse à chiffrer.

(1) Avant de chiffrer cette basse, l'élève devra l'analyser d'un bout à l'autre en indiquant ainsi que nous avons commencé à le faire, les différentes tonalités qu'elle parcourt. Il considérera si les diverses cadences. Quand il aura réalisé l'harmonie à trois et à quatre parties, s'il est privé du secours d'un maître, comparer son travail avec le nôtre (5° Volume), et voir en quoi il aura pu s'égarer. Il suivra cette marche pour toutes les leçons chiffrées ou non chiffrées.

Retournez à la Théorie et étudiez parfaitement le chapitre XII.

(Ajoutez-vous la basse d'un Chant donné suivez exactement ce qui est prescrit (Ch. XII.)

(Chap. XII.)

N° 11.
Chant donné.

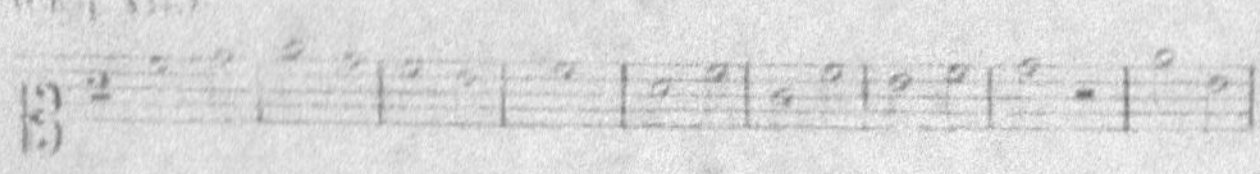

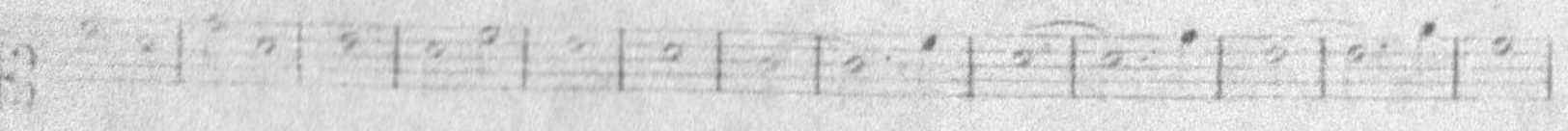

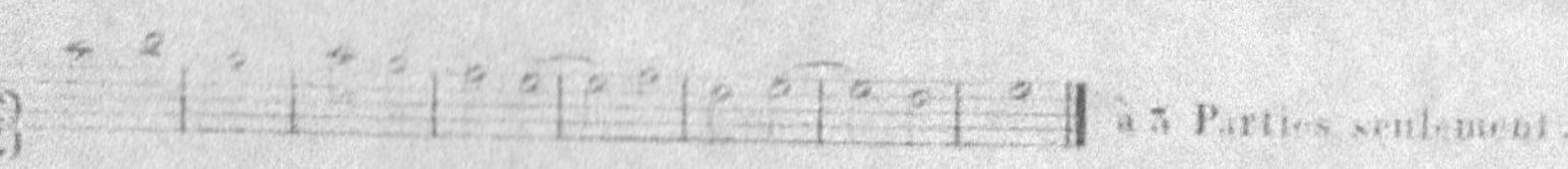

à 5 Parties seulement.

Retournez à la Théorie et étudiez les chapitres XIII et XIV.

PROGRESSIONS HARMONIQUES.

PROGRESSIONS DE SECONDES ASCENDANTES.

8

PROGRESSIONS MODULANTES.

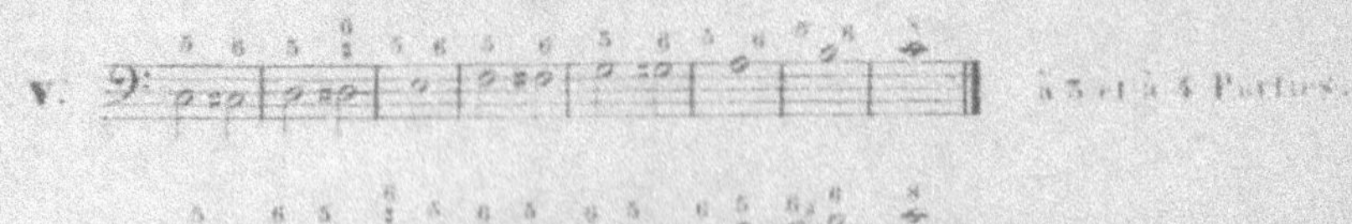

V. à 3 et à 4 Parties.

VI. à 3 et à 4 Parties.

Avec des notes de plus longue valeur.

VI. à 3 et à 4 Parties.

PROGRESSIONS DE SECONDES DESCENDANTES.

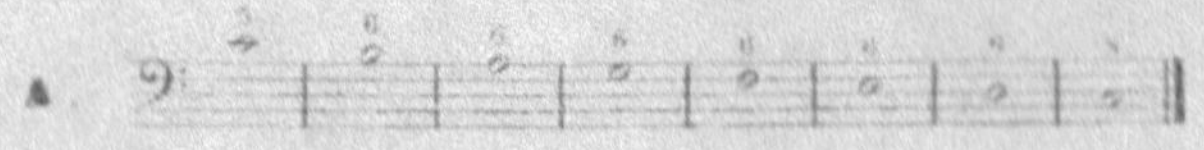

A. à 3 Parties de deux manières différentes, de même à 4 Parties.

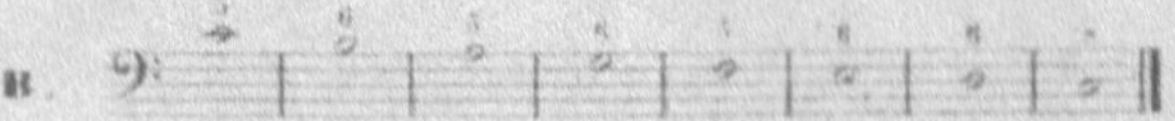

B. à 3 et à 4 Parties.

PROGRESSIONS MODULANTES

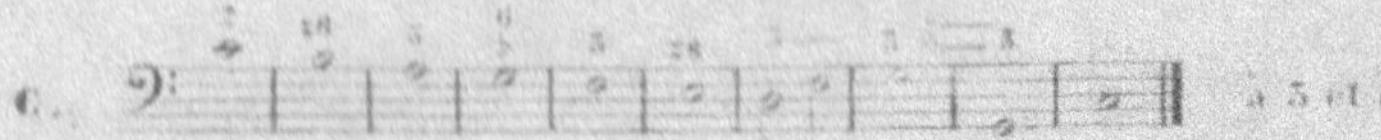

C. à 3 et à 4 Parties.

Même basse, autre harmonie.

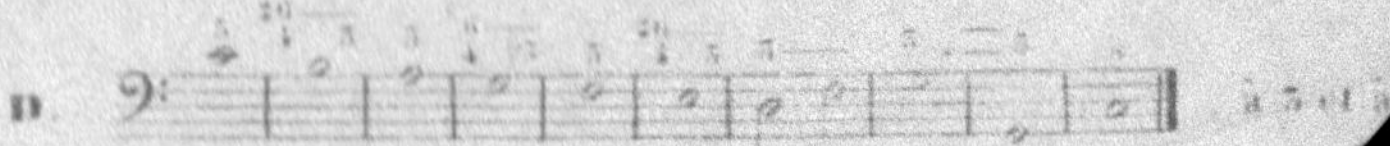

D. à 3 et à 4

E.

Renversement de la précédente.

F.

Autre manière de faire moduler les deux

G.

PROGRESSIONS COMPOSÉES
de mouvemens ascendants et descendants.

Nous pourrions donner beaucoup de ces sortes de Progressions, mais celles-ci nous paraissent suffisantes.

LEÇONS SUR LES PROGRESSIONS DE SECONDES.
(ascendantes et descendantes)

(Nota) Les basses des progressions contenues dans les leçons sont presque toujours variées et figurées de différentes manières. L'élève devra donc les reconnaître sous ces nouvelles formes.

N.º 12
Basse à chiffrer.

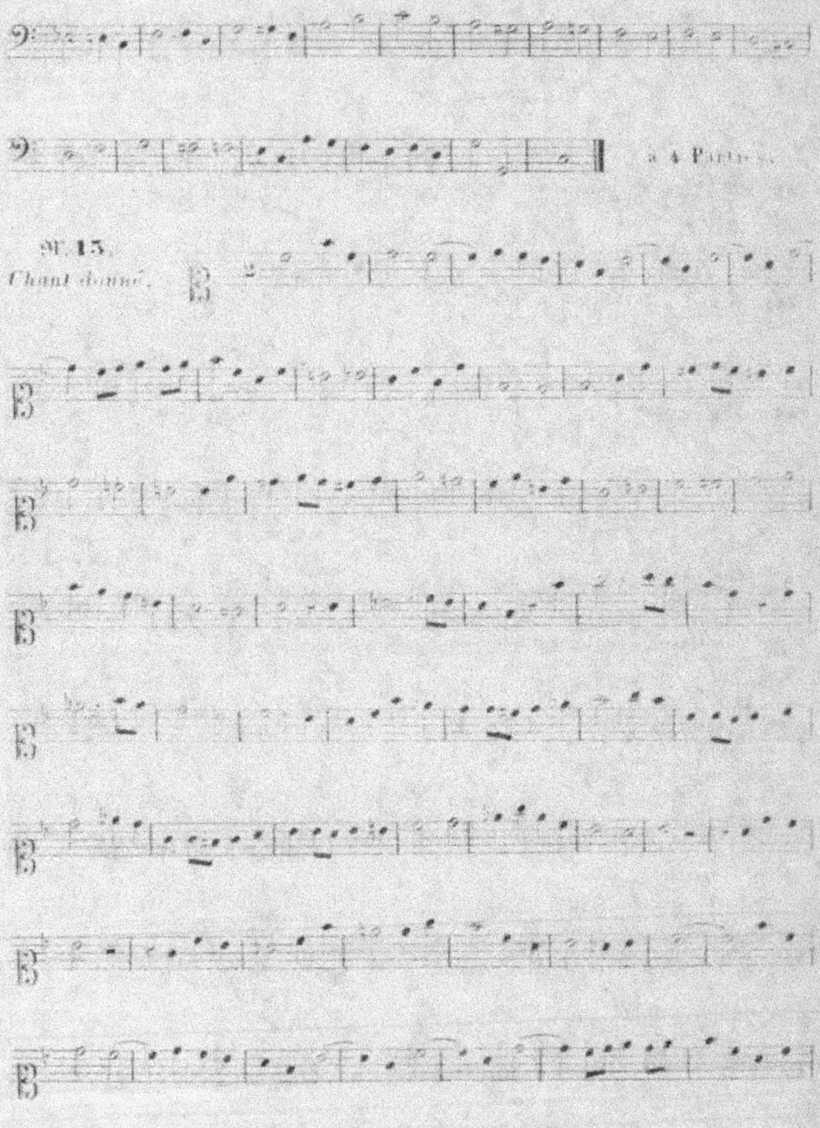

N° 15.
Chant donné.

A 4 Parties.

PROGRESSIONS DE TIERCES ASCENDANTES.

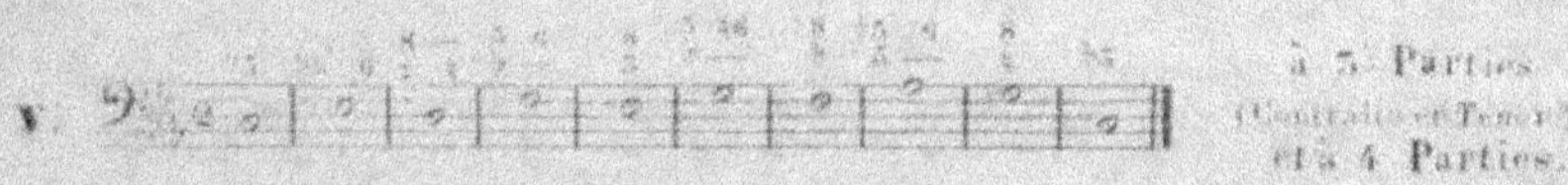

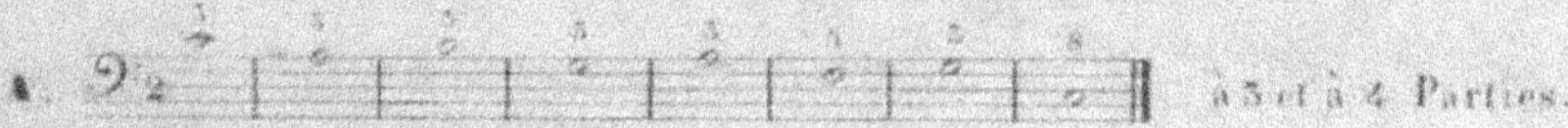

En Mineur.

PROGRESSIONS MODULANTES.

PROGRESSIONS DE TIERCES DESCENDANTES.

PROGRESSIONS MODULANTES.
PROGRESSIONS COMPOSÉES
de plusieurs mouvements

LEÇONS SUR LES PROGRESSIONS DE TIERCES
(ascendantes et descendantes.)

PROGRESSIONS DE QUARTES ASCENDANTES.

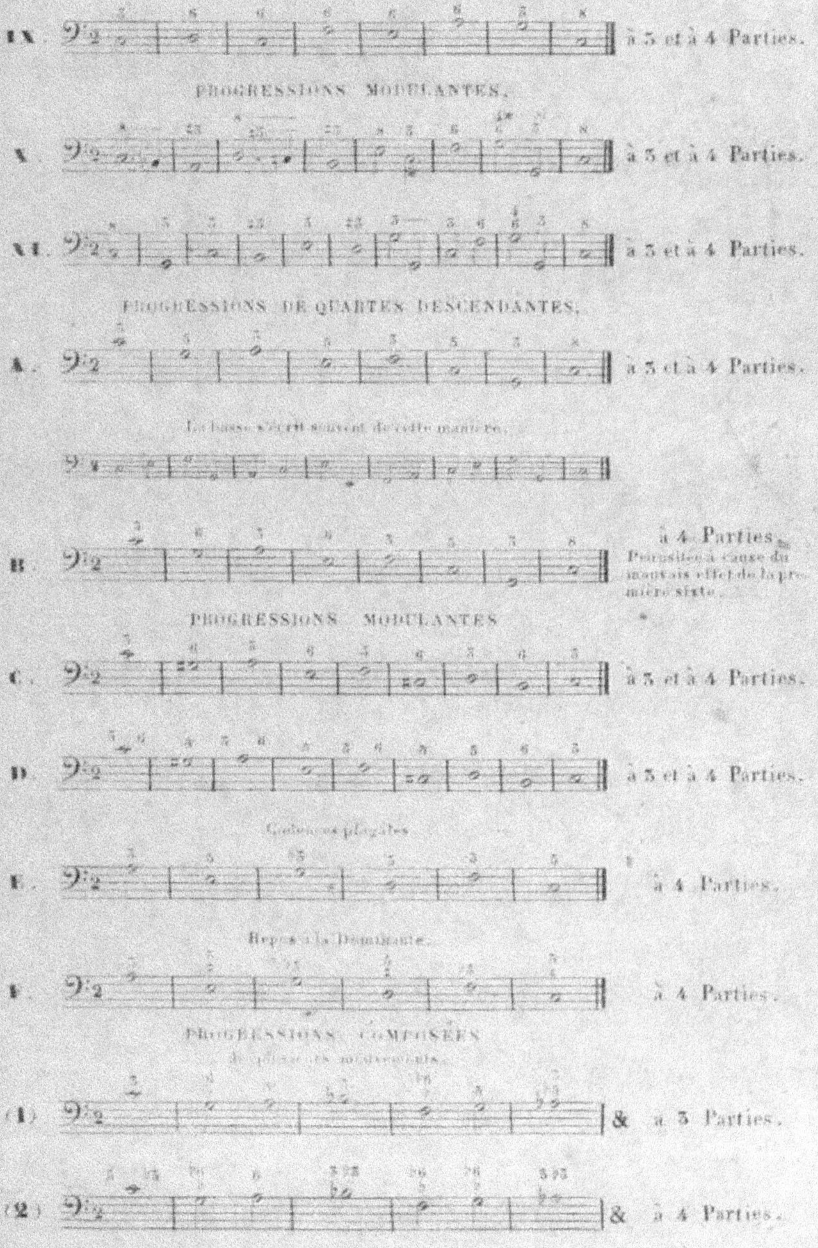
IX.   à 3 et à 4 Parties.
PROGRESSIONS MODULANTES.
X.   à 3 et à 4 Parties.
XI.   à 3 et à 4 Parties.
PROGRESSIONS DE QUARTES DESCENDANTES.
A.   à 3 et à 4 Parties.
La basse s'écrit souvent de cette manière.
à 4 Parties.
B.   Pernicieuse à cause du mauvais effet de la première sixte.
PROGRESSIONS MODULANTES
C.   à 3 et à 4 Parties.
D.   à 3 et à 4 Parties.
Cadences plagales.
E.   à 4 Parties.
Repos à la Dominante.
F.   à 4 Parties.
PROGRESSIONS COMPOSÉES
(1)   & à 3 Parties.
(2)   & à 4 Parties.

LEÇONS SUR LES PROGRESSIONS DE QUARTES

(ascendantes et descendantes.)

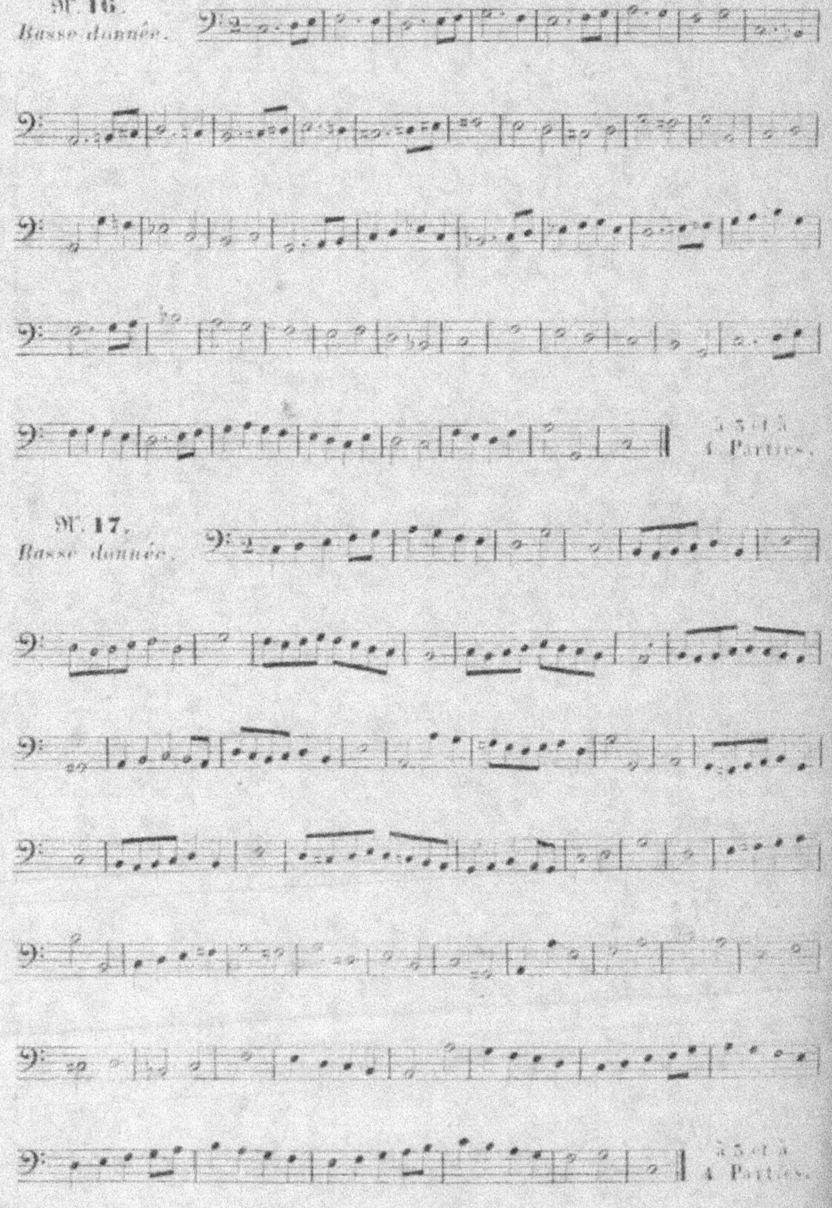

N° 18.
Basse donnée.
à 4 Parties.
N° 19.
Chant donné.
à 4 Parties.

PROGRESSIONS DE QUINTES ASCENDANTES.
à 3 et à 4 Parties.
PROGRESSIONS MODULANTES.
à 3 et à 4 Parties.
à 3 et à 4 Parties.
à 3 Parties seulement.
PROGRESSION COMPOSÉE
de plusieurs semblables
à 3 et à 4 Parties.
LEÇONS SUR LES PROGRESSIONS DE QUINTES ASCENDANTES.
N. 20.
Basse donnée.
à 3 et à 4 Parties.

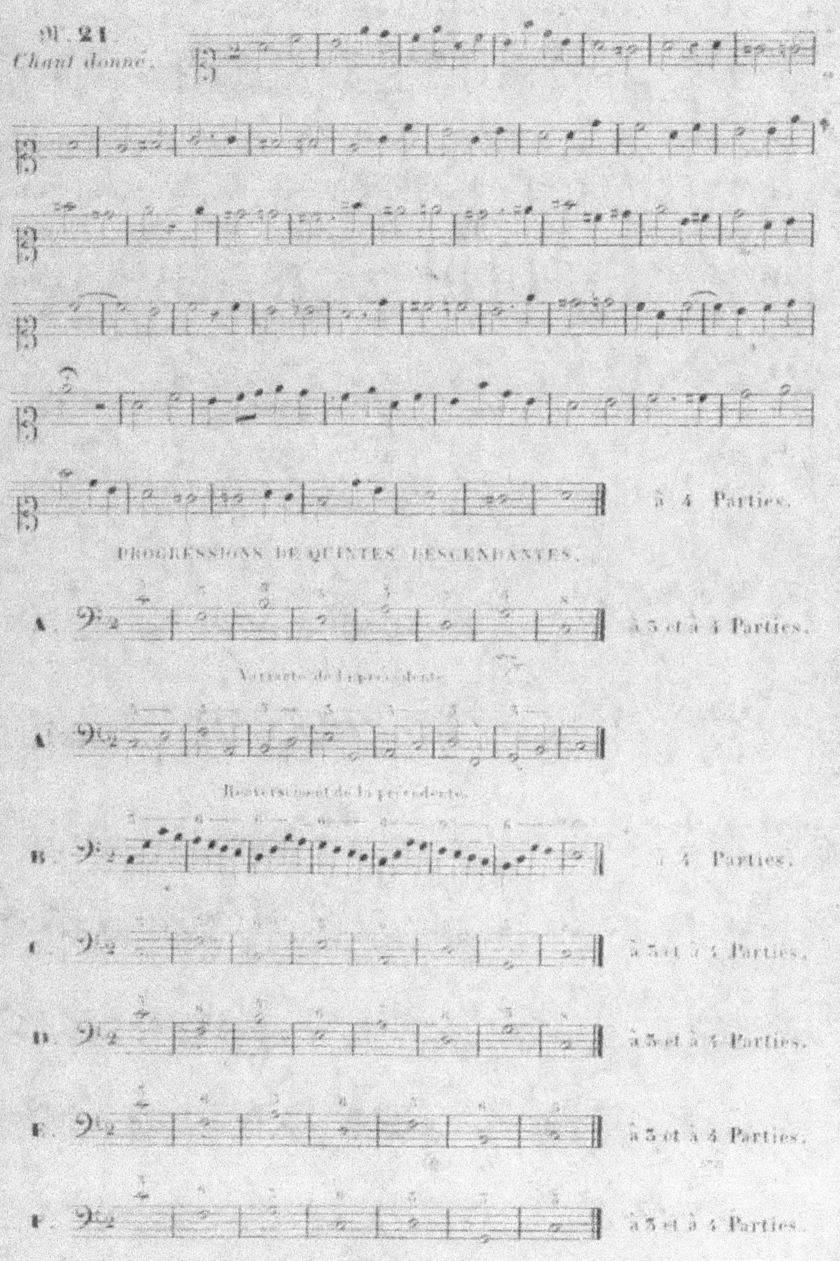
N°. 21
Chant donné.
à 4 Parties.
PROGRESSIONS DE QUINTES DESCENDANTES.
A.
à 3 et à 4 Parties.
A.
Renversement de la précédente.
B.
à 4 Parties.
C.
à 3 et à 4 Parties.
D.
à 3 et à 4 Parties.
E.
à 3 et à 4 Parties.
F.
à 3 et à 4 Parties.

PROGRESSIONS MODULANTES.

à 3 et à 4
Parties
N.º 23.
Basse d'anatin.
à 3 et à 4
Parties.
N.º 24.
Chant donné
à 4 Parties.
Retournez à la Théorie, deuxième section Chap. XV.

DEUXIÈME SECTION.

HARMONIE DISSONNANTE.

LEÇONS SUR LA SEPTIÈME DE DOMINANTE ET SES RENVERSEMENTS.

(Ch. XVI.)

N° 25.
Basse donnée.

Théorie. Étudiez les paragraphes 167, 168, 169 et 170 chapitre XVI.

1er Renversement.

(Chap. XVI.)

N° 26
Basse donnée.

Théorie. Étudiez les paragraphes 171, 172 et 173.

2.ᵉ Renversement.

N.° 27.
Basse donnée.

Théorie. — *Étudiez les paragraphes 174, 175, 176 et 177.*

3.ᵉ Renversement.

N.° 28.
Basse donnée.

Nota. — [Dans toutes les progressions modulantes que nous avons écrites précédemment et d'après le paragraphe 177, on peut employer [illegible] sur les degrés auxquels elles-mêmes appartiennent, soit à l'état fondamental, soit à l'état de renversement. Ainsi, dans les progressions par quartes ascendantes ou par quintes descendantes, la septième trouvera naturellement sa place sur les dominantes; dans les progressions où la basse donne les sensibles, le premier renversement remplacera la sixte ou la quinte majeure; dans les progressions de secondes descendantes, le deuxième renversement prendra la place de la sixte majeure du second degré; enfin, dans les progressions chromatiques descendantes, on emploiera le troisième renversement à la place de la [illegible].]

[Voici encore quelques autres progressions formées par les septièmes de dominantes et leurs [illegible] ci-dessous.]

A réaliser à 3 et à 4 Parties.

(1)

(1) 1er Renv.

(1) 2e Renv.

(1) 3e Renv.

(2)

(2) 1er Renv.

(2) 2e Renv.

(2) 3e Renv.

Cette progression ne donne pas de renversements, à cause des Cadences rompues qui ne se renversent pas.

Progression très-usitée.

(1) Le troisième renversement de cette progression ne se fait bien que par l'emploi alternatif du troisième et du premier renversement de la septième. Il en est de même pour la disposition suivante.

(5)

(5)
1er Renv.t

(5)
2e Renv.t

(5)
3e Renv.t

(6)

(6)
1er Renv.t

(6)
2e Renv.t

(6)
3e Renv.t

(7)
dérivé des
N.os 1 et 3.

(8)
dérivé du
N.o 5
(2e disposition)

(9)
dérivé du
N.o 5.

Théorie. Étudiez le paragraphe 17e.

LEÇONS SUR L'EMPLOI DE LA 7.e DE DOMINANTE
et de ses Renversements

Théorie. Étudiez le paragraphe 179.

PROGRESSIONS FOURNIES PAR LES CADENCES INTERROMPUES
avec la Septième de Dominante.

(1)

(1)
1ᵉʳ Renvᵗ

(1)
2ᵉ Renvᵗ

(1)
3ᵉ Renvᵗ

(2)

(2)
Renvᵗ

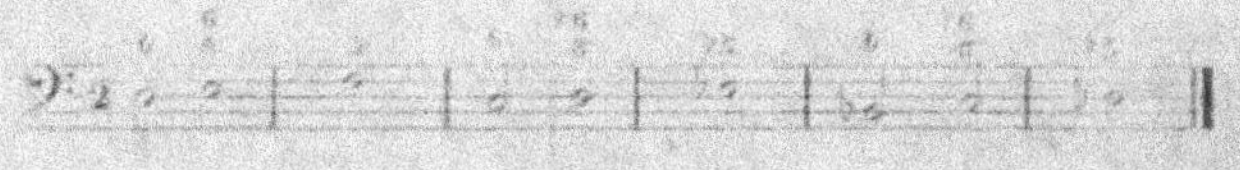

(3)

Mais il faut observer que les renversements des finales sont plus durs que ceux des dominantes, et qu'il faut toujours, en les employant, faire entendre le plus tôt possible l'harmonie de la dominante. Elle doit être placée à ce qu'il faut pour éviter l'harmonie traditionnelle d'un moment les progressions suivantes qui sont très dures.

(3)

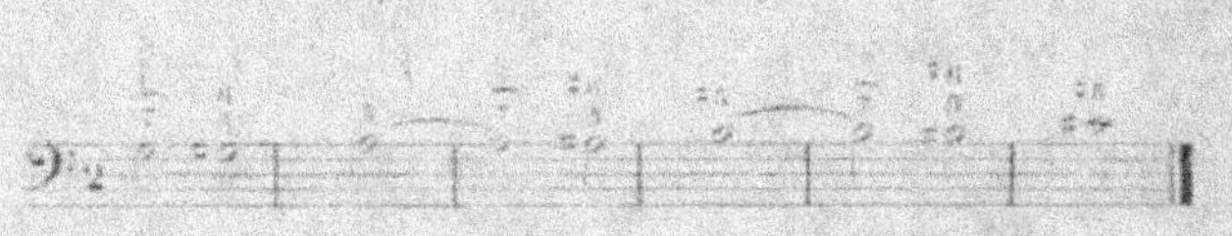

(3)
1ᵉʳ Renvᵗ

(3)
2ᵉ Renvᵗ

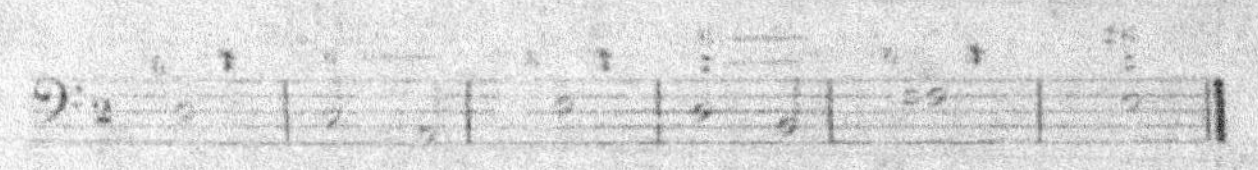

(3)
3ᵉ Renvᵗ

La dernière
progression
autrement.

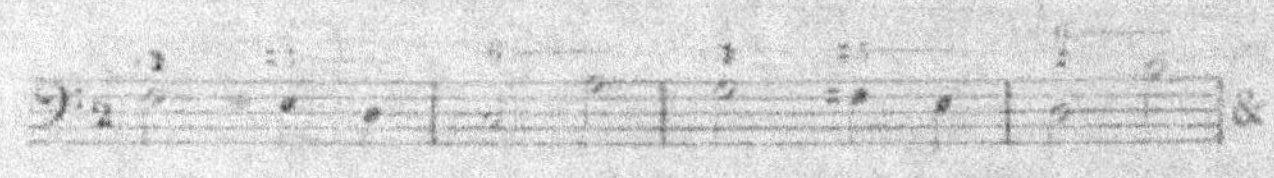

à 5 Parties.
Suite des renversemens à cause des cadences rompues.
&

LEÇONS SUR LES CADENCES INTERROMPUES.

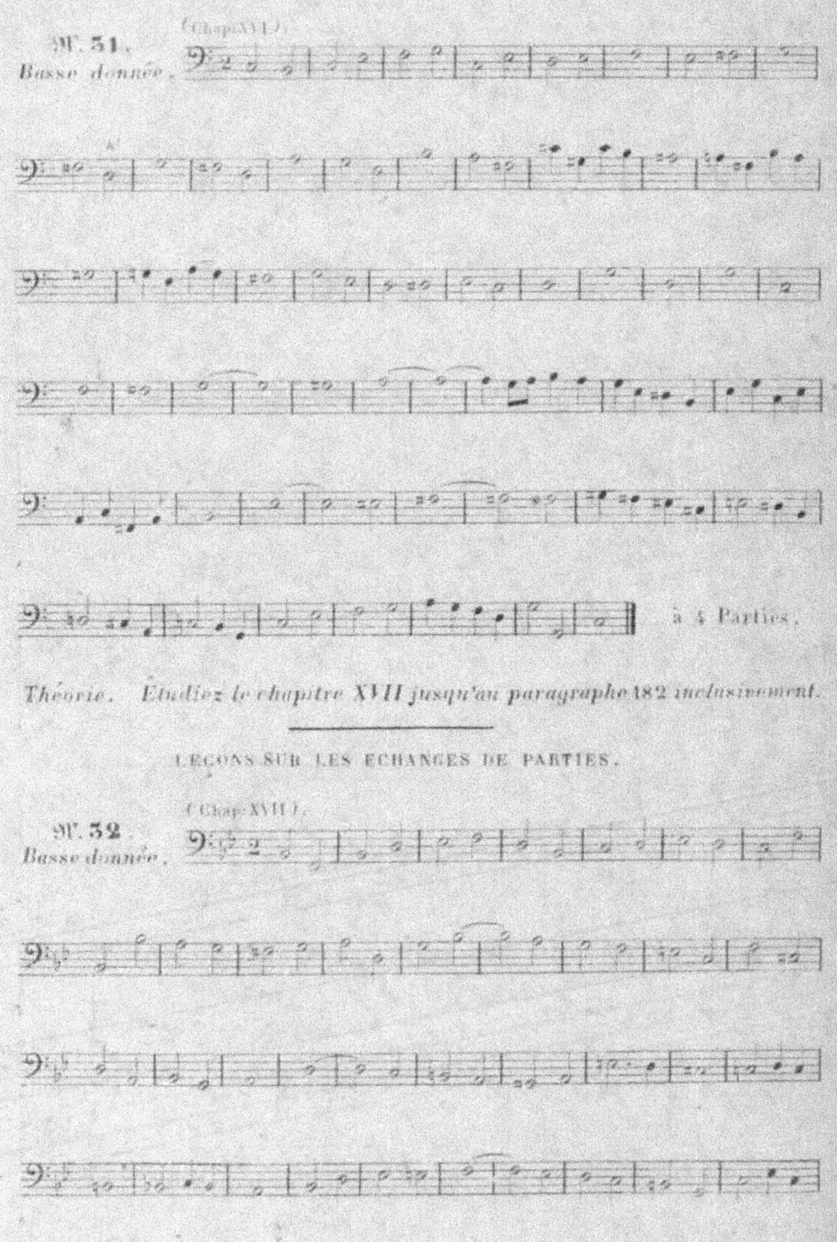

Théorie.   Étudiez le chapitre XVII jusqu'au paragraphe 182 inclusivement.

LEÇONS SUR LES ÉCHANGES DE PARTIES.

N.º 52.
Basse donnée.   (Chap. XVII.)

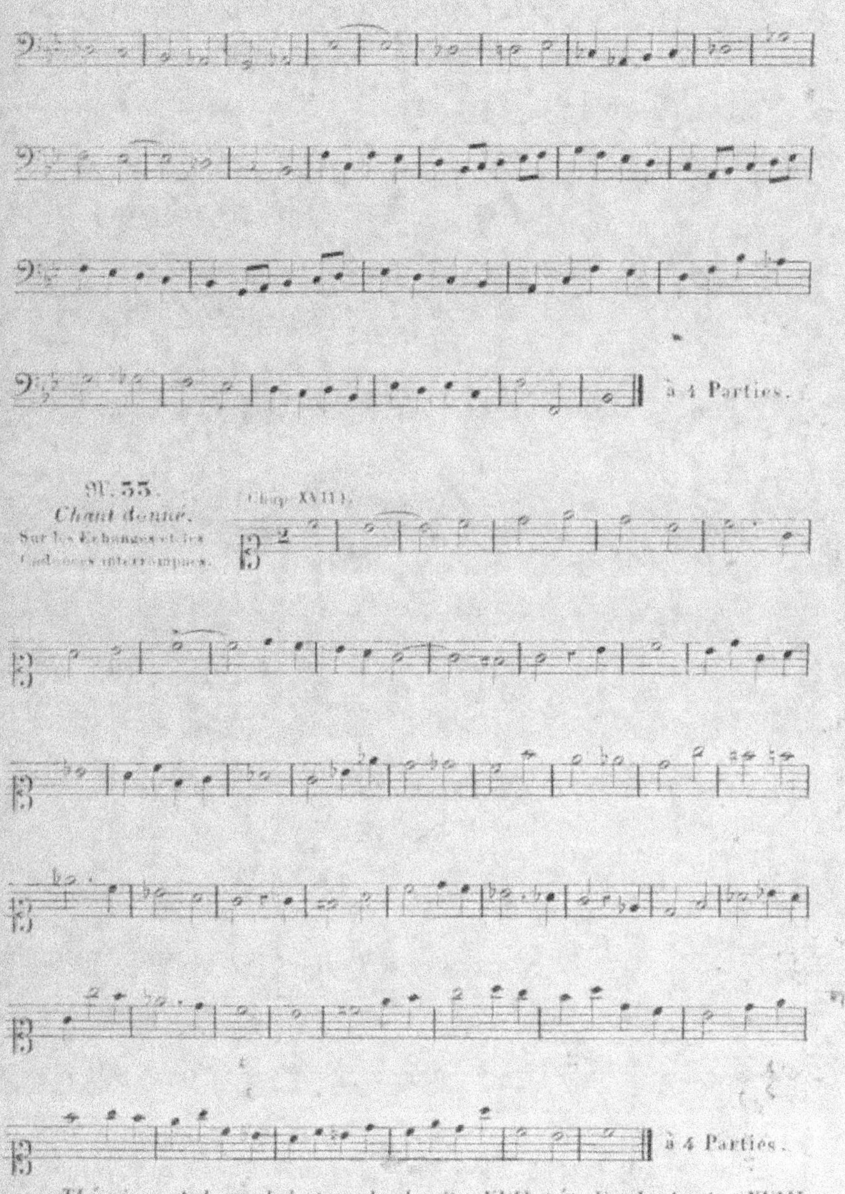

Théorie. Achevez la lecture du chapitre XVII et étudiez le chapitre XVIII jusqu'au paragraphe 189 inclusivement.

TROISIÈME SECTION.

DES MODIFICATIONS DE L'ACCORD DISSONNANT.

LEÇON SUR L'ACCORD FONDAMENTAL

modifié par la Substitution majeure et mineure, supérieure et inférieure.

(Ch. p. XVIII.)

N°. 54.
Basse donnée.

à 4 Parties.

Théorie. Étudiez les paragraphes 190 et 191.

LEÇON SUR L'EMPLOI DES RENVERSEMENTS DE LA 7ᵉ DOMINANTE

modifiée par la Substitution majeure et mineure.

(Ch. p. XVIII.)

N°. 55.
Basse donnée.

Théorie. Étudiez les paragraphes 192 à 197 inclusivement.

PROGRESSIONS JOURNIÈRES SUR LA 7e ET SES RENVERSEMENTS

(1) Toutes les leçons seront maintenant écrites à 4 Parties, à moins d'indication particulière.

(2)
(2)
1.er Basse
(2)
2.e Basse
(2)
3.e Basse
(2)
Schaff. Int.se
(3)
(3)
1.er Basse
(3)
2.e Basse
(3)
3.e Basse
(3)
Schaff. min
inférieure

(N.B.) On doit remarquer que, dans toutes ces progressions, si on remplace la note substituée par la dominante, l'harmonie aura toujours la même signification (tonale).

LEÇONS SUR L'EMPLOI DE LA SUBSTITUTION DANS LA 7.e DE DOMINANTE

et dans ses Renversements, et sur les Échanges les plus usuels.

(Chap. XVIII.)

N.º 36.
Basse donnée.

Théorie. *Achevez d'étudier le chapitre XVIII paragraphe 198 etc.*

CADENCES INTERROMPUES

PROGRESSIONS FOURNIES PAR LA 7.e DOMINANTE AVEC SUBSTITUTION

(1) Intervalle mélodique de quarte majeure ordinaire permis dans le style libre.

(1) Mieux en résolvant de suite la Substitution. Mais les deux exemples sont également utiles avec l'une ou l'autre résolution.

Théorie. Étudiez les chapitres XIX et XX.

(Chap. XX)
N° 40.
Basse donnée.
(Chap. XXI)
N° 41
Basse à chiffrer

Théorie. Étudiez le chapitre XXI.

Comme le 7.e de Dominante, et dans ses Renversements.

(Chap. XXI.)

N.° 43.
Basse donnée.

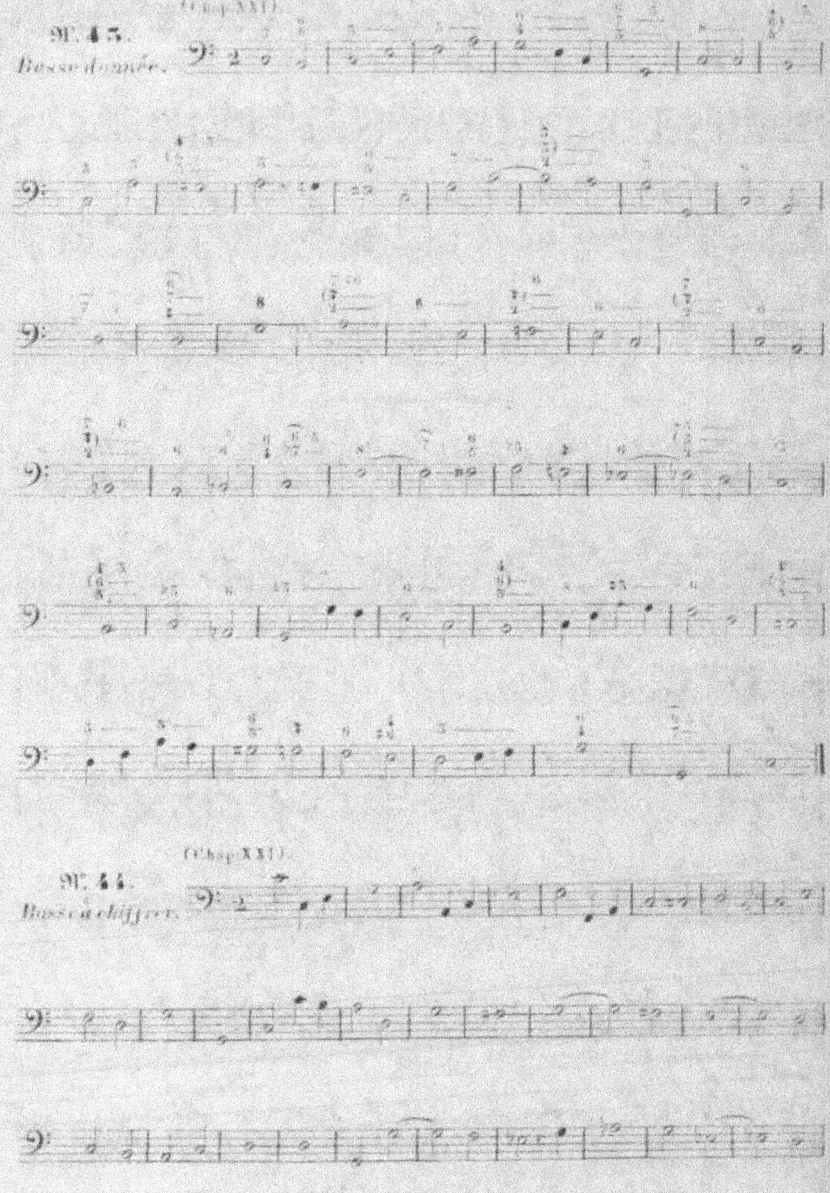

(Chap. XXI.)

N.° 44.
Basse à chiffrer.

Théorie. Étudiez le chapitre XXII tout entier.

Nota . Nous ne donnons point de basse chiffrée pour l'emploi simultané des deux retards, attendu que les circonstances harmoniques où leur réunion peut avoir lieu sont les mêmes que celles où ils s'emploient isolément.

Théorie   Chap: XXIII paragraphe 213.

(Chap: XXIII)

N°. 48.
Basse donnée.

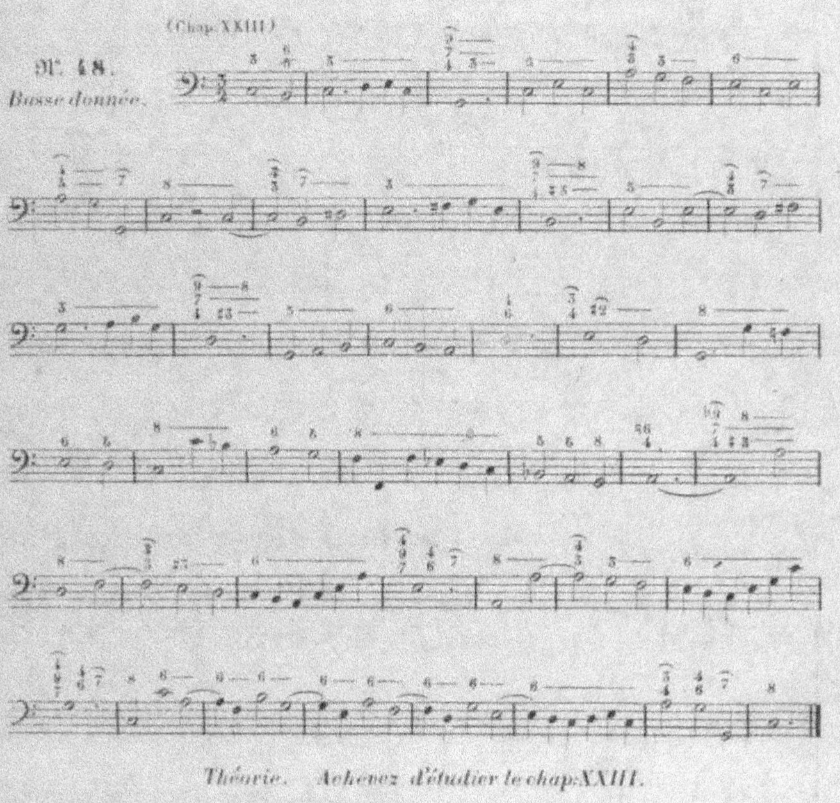

Théorie.   Achevez d'étudier le chap: XXIII.

Renversements.

(Chap: XXIII)

N°. 49.
Basse donnée.

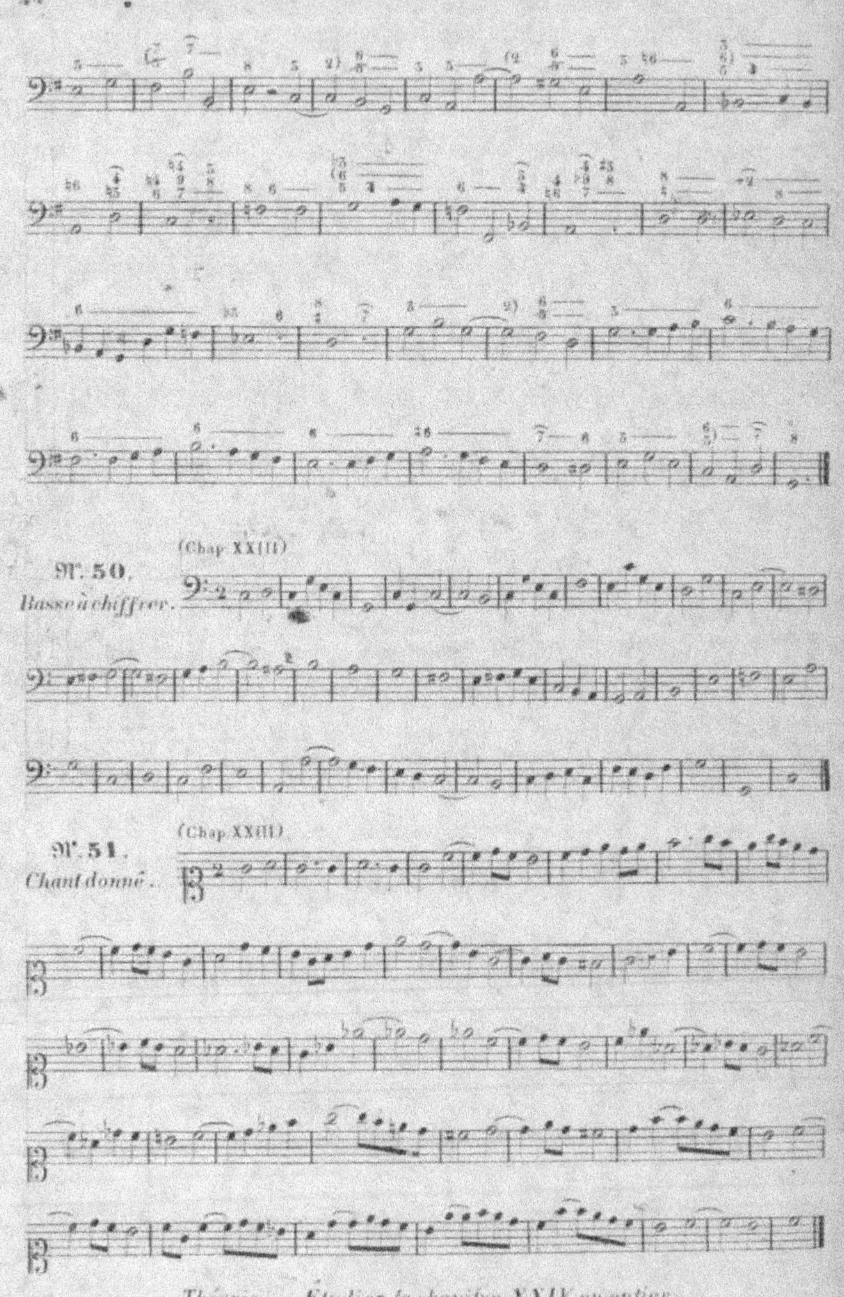

N°. 50.
Basse à chiffrer.
(Chap XXIII)

N°. 51.
Chant donné.
(Chap XXIII)

Théorie.   Étudiez le chapitre XXIV en entier.

LEÇONS POUR L'EMPLOI SIMULTANÉ DE LA SUBSTITUTION
ET DU RETARD DE LA QUINTE.

Accord fondamental et renversements.

(Chap: XXIV)
N°. 53.
Basse à chiffrer.
(Chap: XXIV) Mod.to espress.
N°. 54.
Chant donné.
Théorie.   Chap: XXV, parag: 221 A, B, C, D.

LEÇONS POUR L'EMPLOI SIMULTANÉ DES DEUX RETARDS
ET DE LA SUBSTITUTION.

Accord fondamental, Substitution supérieure et inférieure.

1.er Renversement.

(Chap. XXV)

№ 56.
Basse donnée.

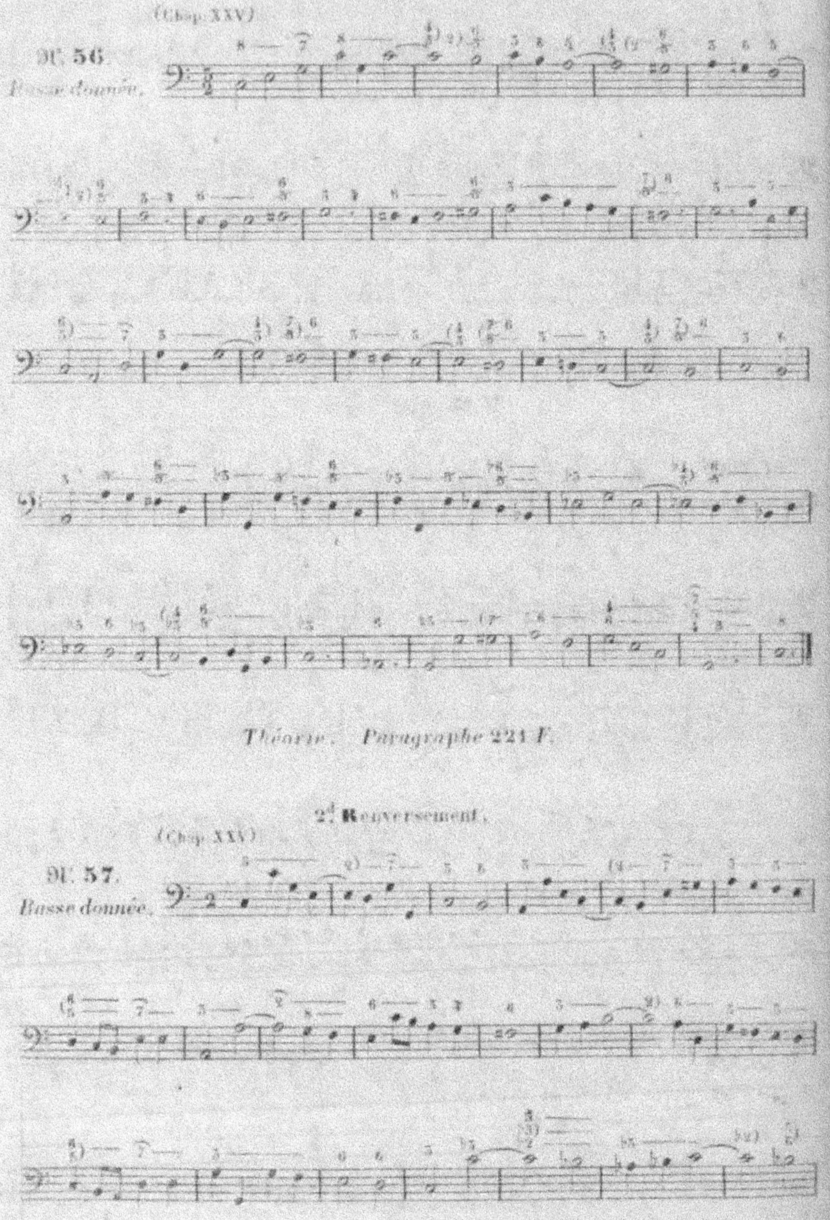

Théorie. — Paragraphe 221 F.

2.^d Renversement.

(Chap. XXV)

№ 57.
Basse donnée.

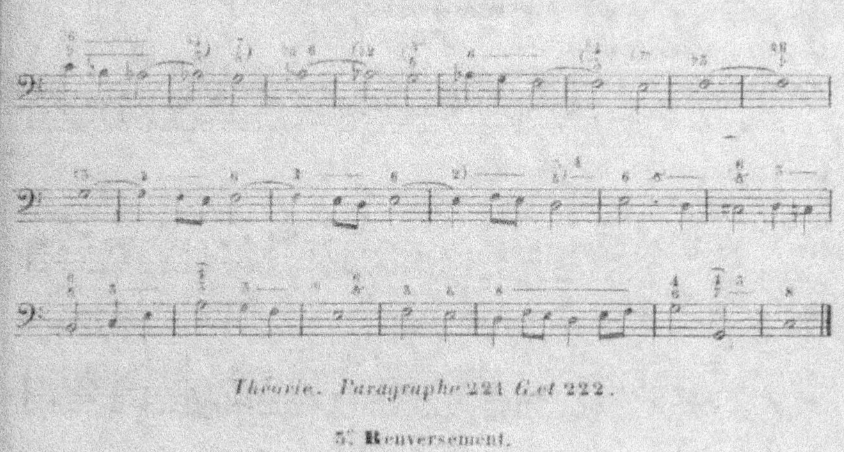

Théorie. Paragraphe 221 G et 222.

5.° Renversement.

(Chap. XXV)

N.º 60.
Chant donné.
(Chap. XXV)
Théorie. Chapitre XXVI tout entier.

QUATRIÈME SECTION.

DES MODIFICATIONS DE L'ACCORD CONSONNANT.

LEÇONS POUR L'EMPLOI DU RETARD DE LA TIERCE
DANS L'ACCORD PARFAIT.

Agrégation de Quinte et Quarte et ses Renversements.

Théorie.   Chap. XXVII, étudiez les parag: 227, 228, 229, 230 et 231.

LEÇONS POUR L'EMPLOI DE LA 9.ᵉ RETARD DE L'OCTAVE.

Théorie.   Étudiez les paragraphes 232 à 238 inclusivement.

LEÇONS POUR L'EMPLOI DE LA $\frac{4}{2}$ ET DE SES RENVERSEMENTS.

(Chap. XXVII, parag. 235.)

N. 67.
Basse donnée.

(N.4.) On pourra dans la leçon suivante employer la $\frac{5}{4}$.

(Chap. XXVII)

N. 68.
Basse donnée.

(Nota) Dans la leçon suivante, outre la $\frac{4}{2}$ et ses renversements, on trouvera l'occasion d'employer la 9.º, la 2.º et au renversement de la 9.ºª

N.º 69.
Chant donné.

(Chap. XXVIII) Anď.ᵗᵉ

Théorie. Étudiez la fin du chap: XXVII et le chap: XXVIII jusqu'au parag: 244 incl.

Théorie.   Étudiez le paragraphe 245.

1.ᵉʳ Renversement.

Théorie   Étudiez les paragraphes 246, 247, 248 et 249 inclus.

5. Renversement.

(Nota.) On trouvera la possibilité d'employer le second.

(Chap. XXVIII.)

N°. 72.
Basse donnée.

Théorie. Étudiez le paragraphe 250.

(Chap. XXXIII.)

N°. 75.
Basse donnée.

N.º 74.
Chant donné
(Chap. XXVIII)

DISSONNANCES ARTIFICIELLES.

PROGRESSIONS.

PROGRESSIONS DE SECONDES ASCENDANTES.

N.º 1.
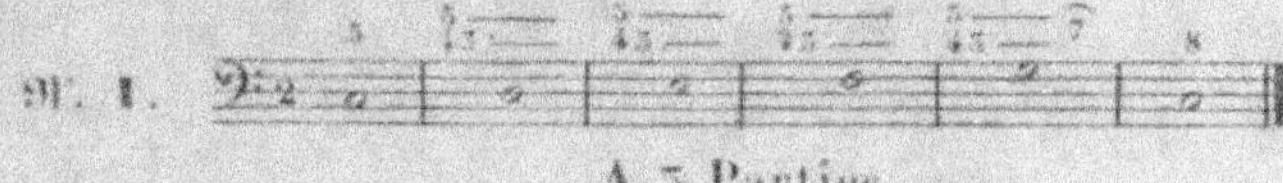

A 3 Parties.

N.º 1.ᵇⁱˢ
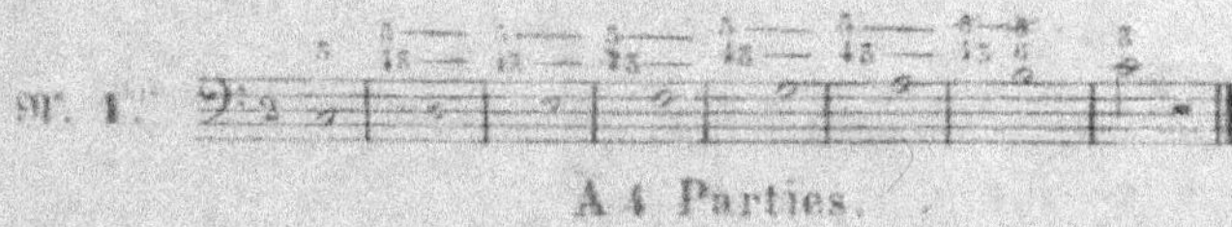

A 4 Parties.

N.º 2.

A 3 et à 4 Parties.

N.º 3.

A 4 Parties.

Ces harmonies sont préférables en mineur.

N.º 4.

A 3, à 4 et à 5 Parties.

A 5 Parties on emploiera une clef de sol pour la 1.ᵉ Partie.

9r. 5. 

A 4 Parties.

9r. 6. 

A 3, à 4 et à 5 Parties.

A 5 Parties 2 clefs d'ut 1.re ligne.

9r. 7. 

A 4, à 5 et à 6 Parties.

A 5 Parties, 2 Soprani et 2 Tenors.

A 6 Parties, 3 Soprani et 2 Tenors.

9r. 8. 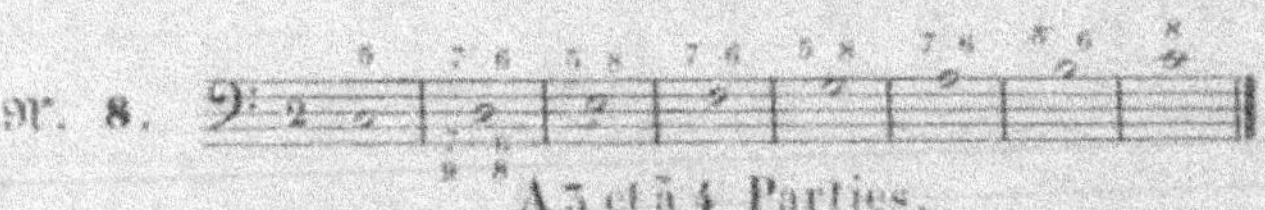

A 3 et à 4 Parties.

A 4 Parties on peut joindre la 9.e à la 7.e

9r. 9. 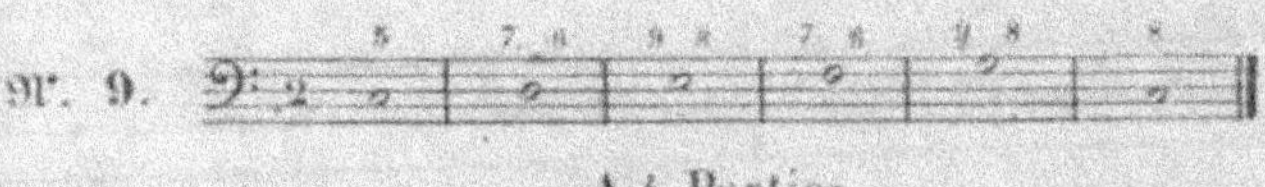

A 4 Parties.

N°. 10.

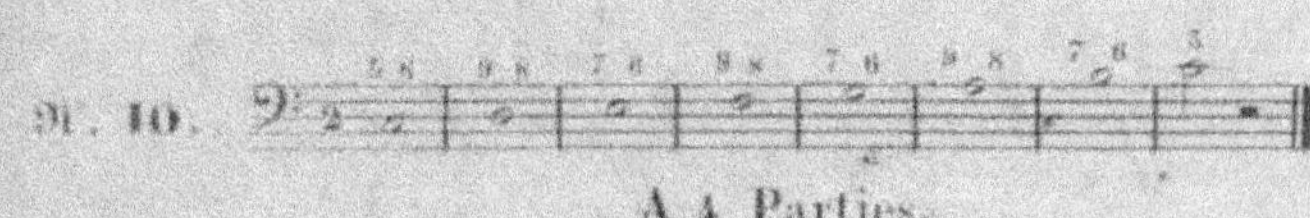

A 4 Parties.

2 Soprani et Tenor.

PROGRESSION MODULANTE.

N°. 11.

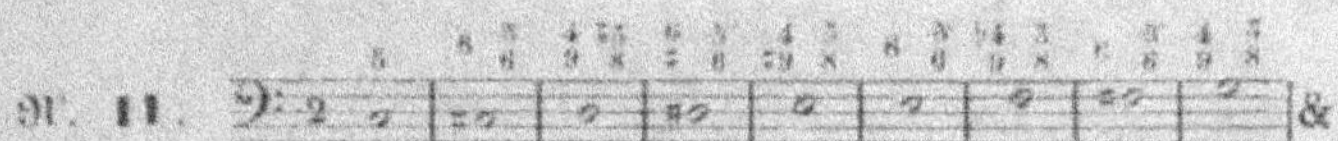

PROGRESSIONS DE SECONDES DESCENDANTES.

N°. 1.

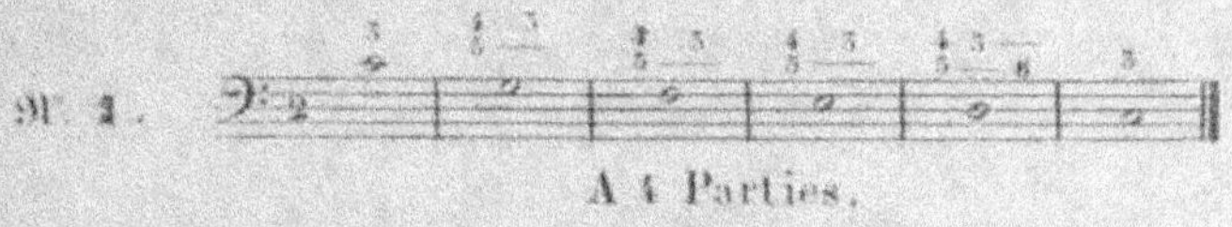

A 4 Parties.

mieux en mineur.

N°. 1bis

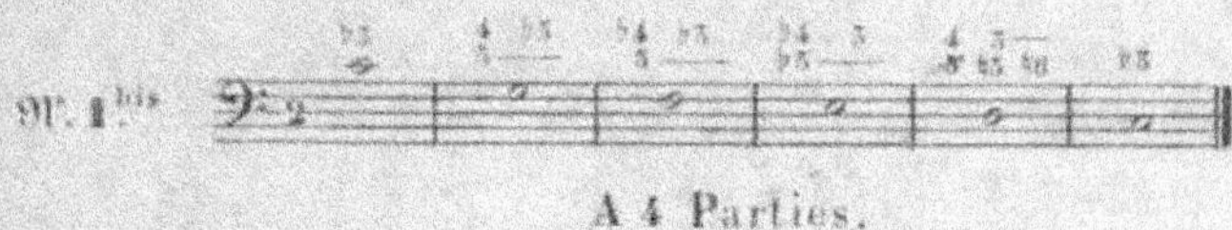

A 4 Parties.

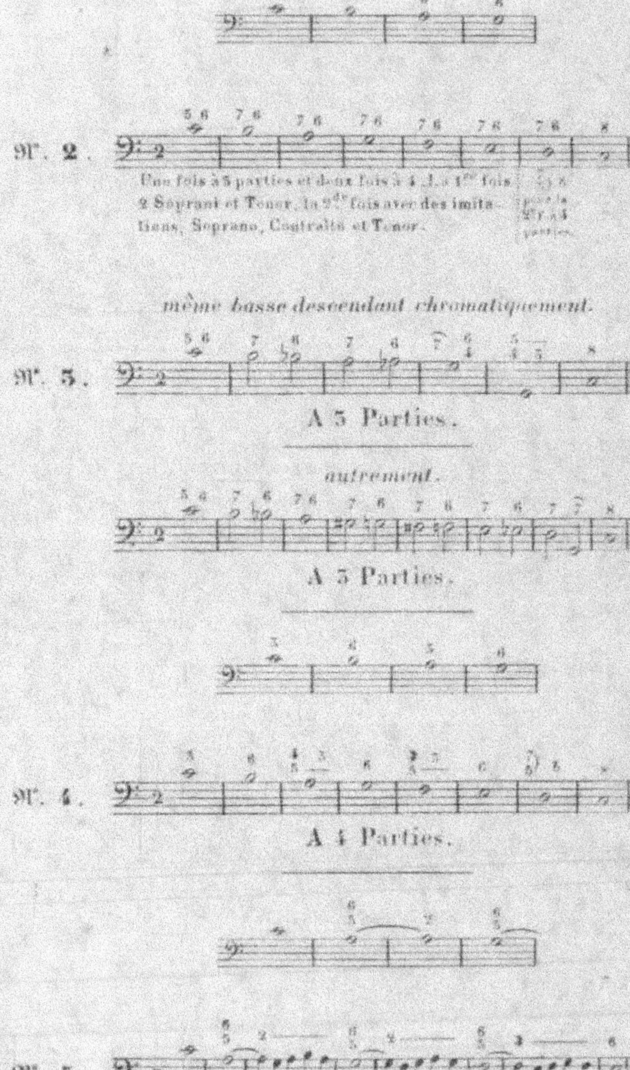
N°. 2.
Une fois à 5 parties et deux fois à 4. à la 1re fois
2 Soprani et Ténor, la 2de fois avec des imita-
tions, Soprano, Contralto et Ténor.
même basse descendant chromatiquement.
N°. 3.
A 5 Parties.
autrement.
A 5 Parties.
N°. 4.
A 4 Parties.
N°. 5.
A 4 Parties.

PROGRESSIONS MODULANTES.

N° 6.

A 4 Parties.

N° 7.

A 4 Parties.

PROGRESSIONS DE TIERCES ASCENDANTES.

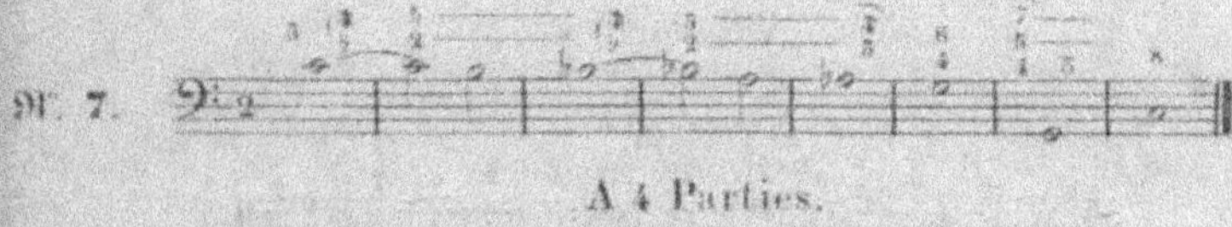

N° 1.

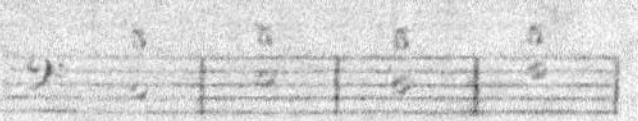

A 4 Parties.

retard à la basse.

N° 2.

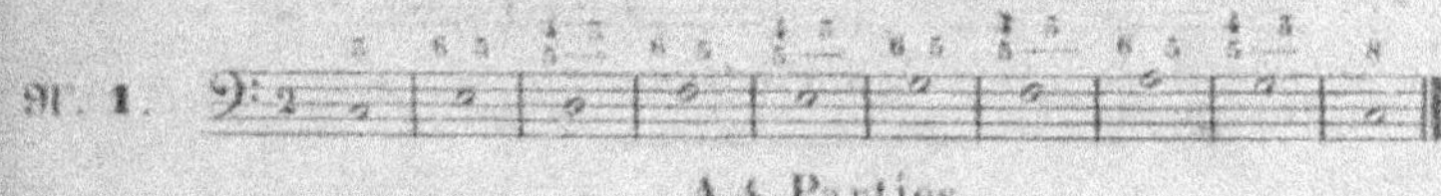

A 4 Parties.

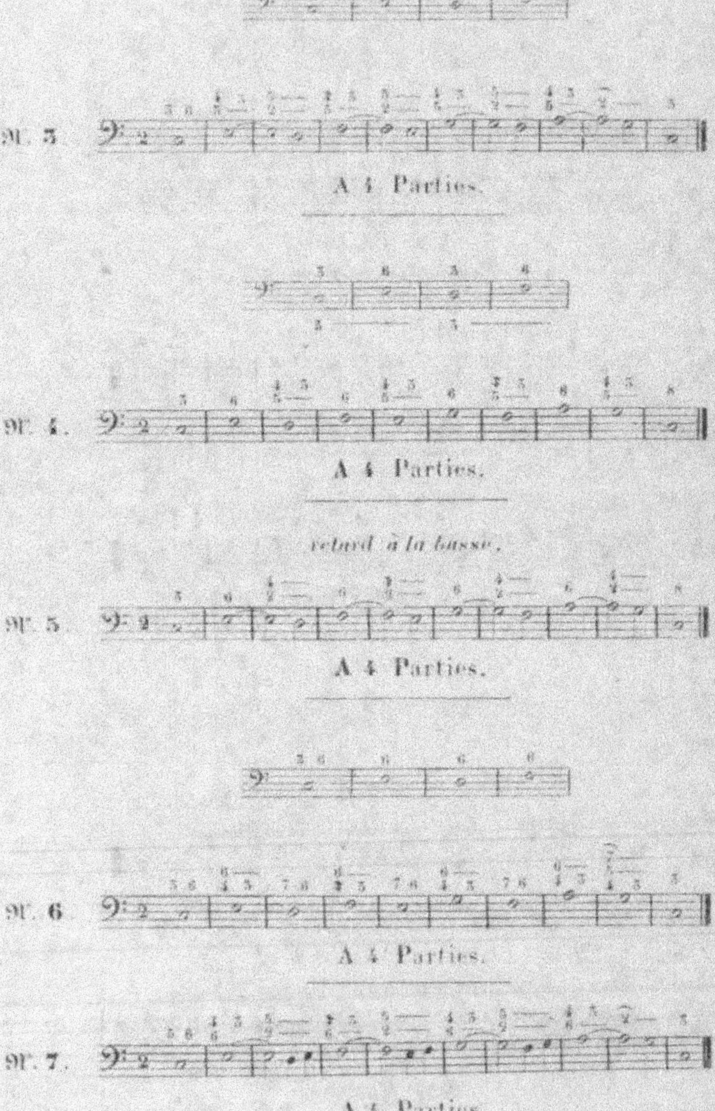
Nᵒ. 3.
A 4 Parties.
Nᵒ. 4.
A 4 Parties.
retard à la basse.
Nᵒ. 5.
A 4 Parties.
Nᵒ. 6.
A 4 Parties.
Nᵒ. 7.
A 4 Parties.

PROGRESSIONS DE TIERCES DESCENDANTES.

N°. 1.

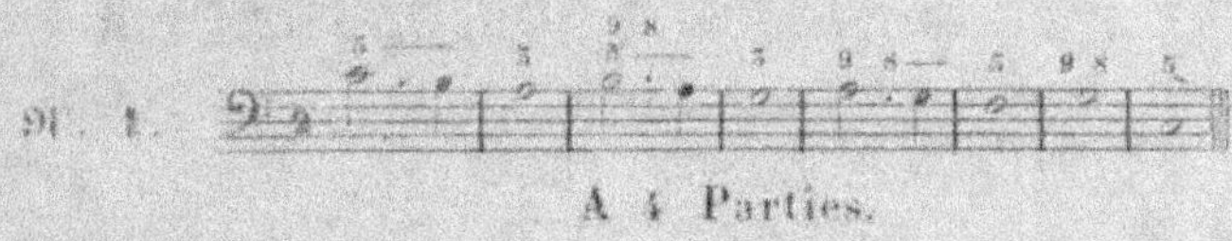

A 4 Parties.

N°. 2.

A 4 Parties.

N°. 3.

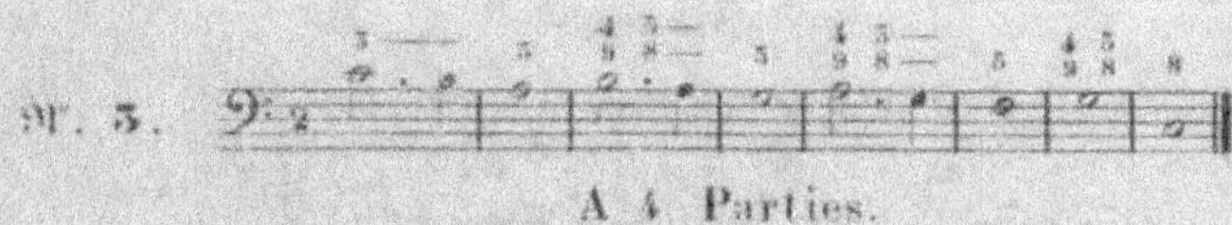

A 4 Parties.

N°. 4.

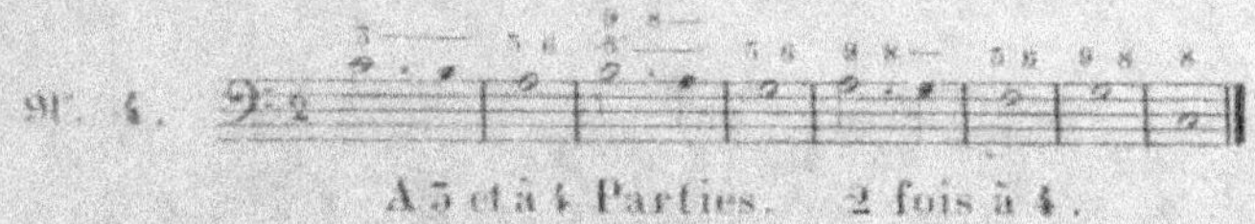

A 5 et à 4 Parties.   2 fois à 4.

N°. 5.

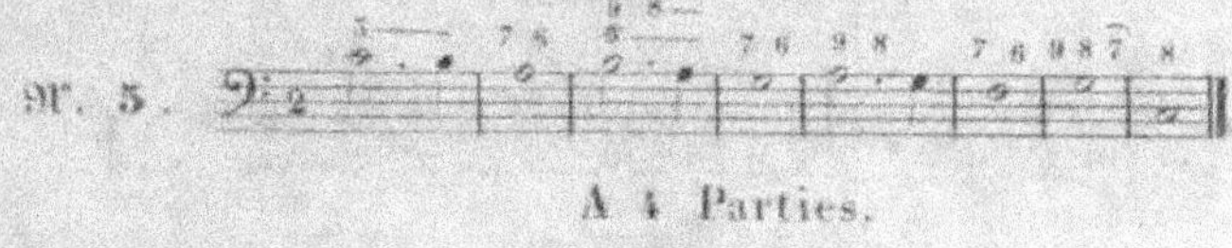

A 4 Parties.

№. 6.

A 4 Parties.

№. 7.

A 4 Parties.

№. 8.

A 4 Parties.

№. 9.

A 4 Parties.

PROGRESSIONS MODULANTES.

№. 10.

A 4 Parties.

autres modulations.

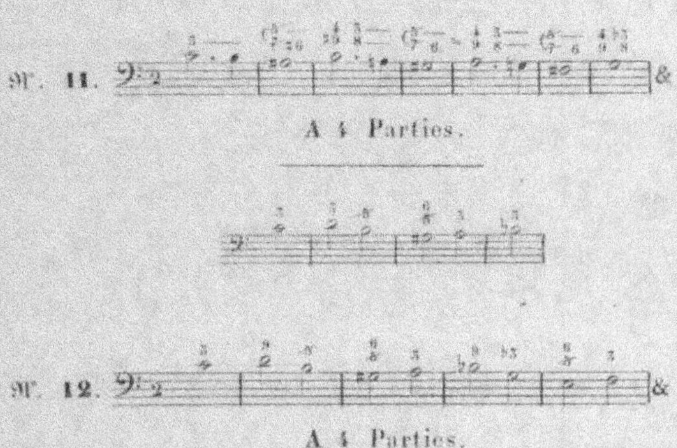

N°. 11.

A 4 Parties.

N°. 12.

A 4 Parties.

LEÇONS SUR LES PROGRESSIONS DE SECONDES ET DE TIERCES ASCENDANTES ET DESCENDANTES.

N°. 75. [1]
Basse donnée.

(1) Du N°. 75 au 81 inclus, les leçons ne portent pas d'indication de chapitre, parce que, contenant toutes les dissonances artificielles indistinctement, elles se rapportent à tous les chapitres qui traitent de chacune de ces dissonances en particulier.

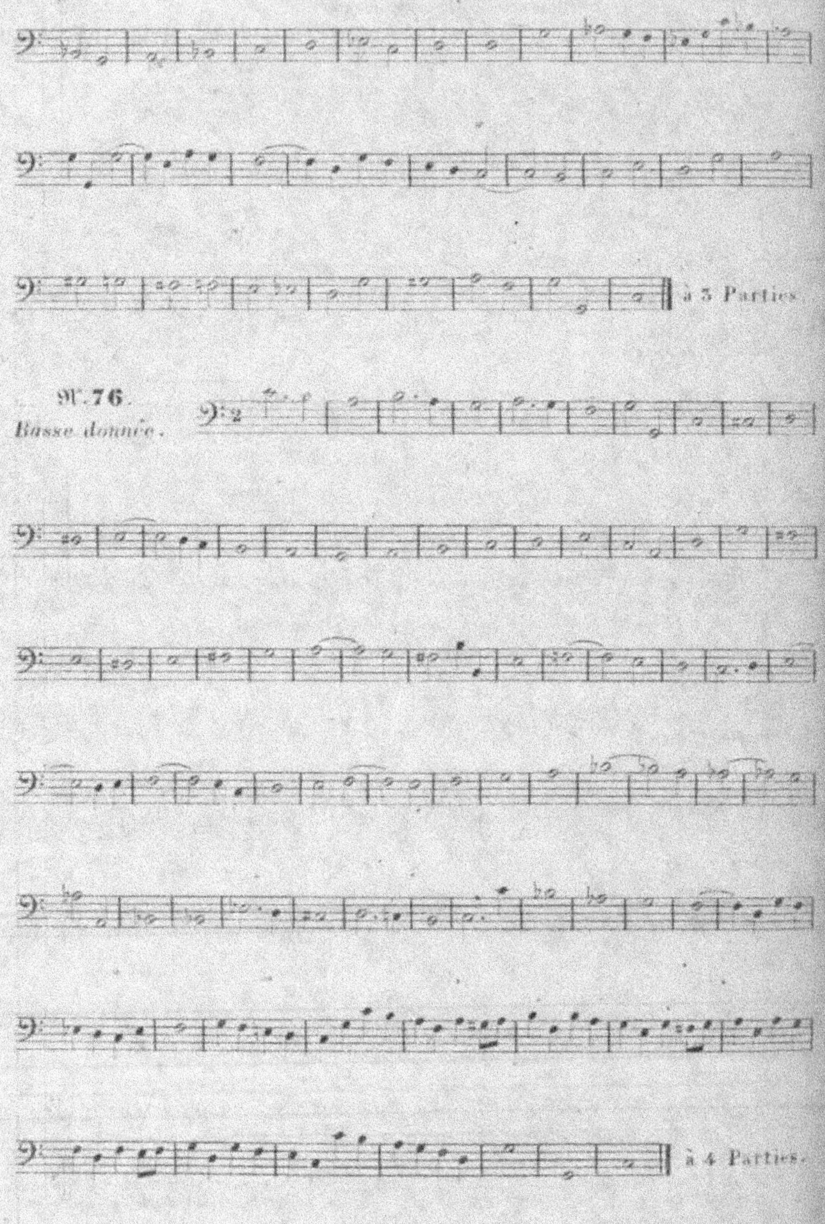
à 3 Parties.
Nº.76.
Basse donnée.
à 4 Parties.

PROGRESSIONS DE QUARTES ASCENDANTES.

Nº. 1.

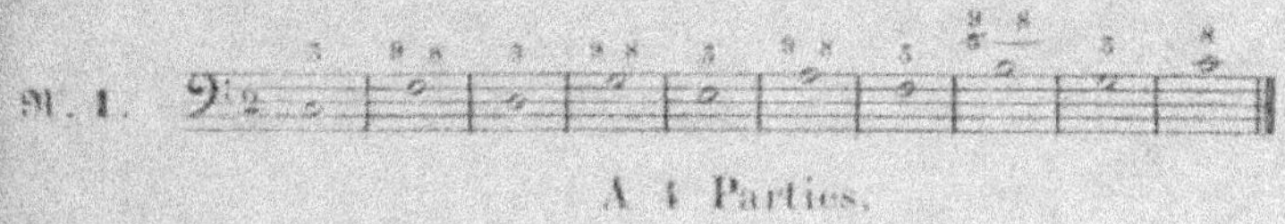

A 4 Parties.

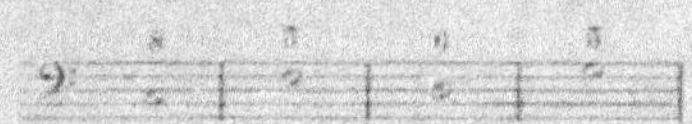

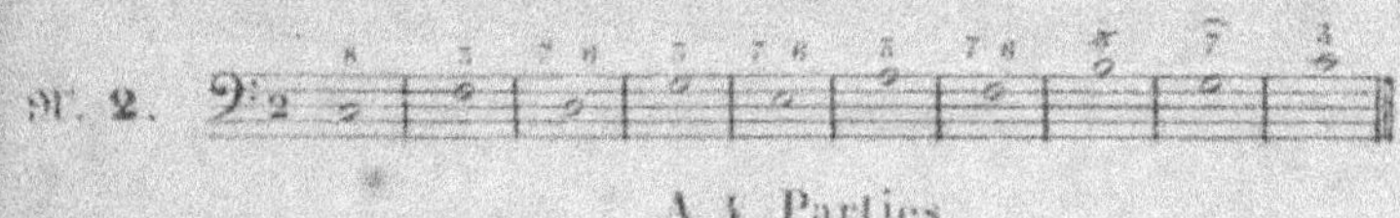

Nº. 2.

A 4 Parties.

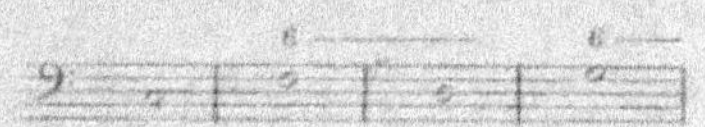

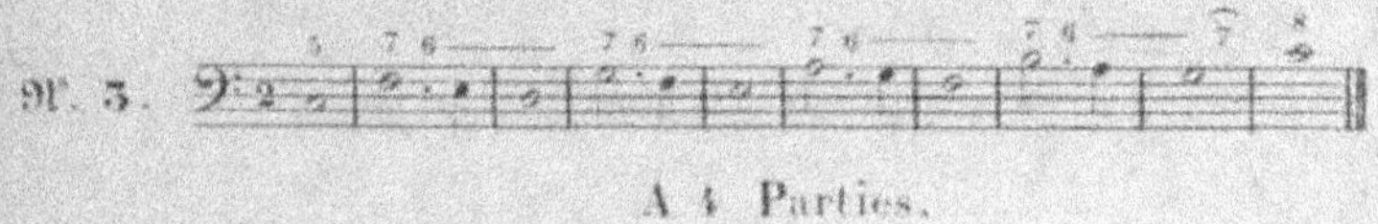

Nº. 3.

A 4 Parties.

Nº. 4.

A 4 Parties.

N°. 5. 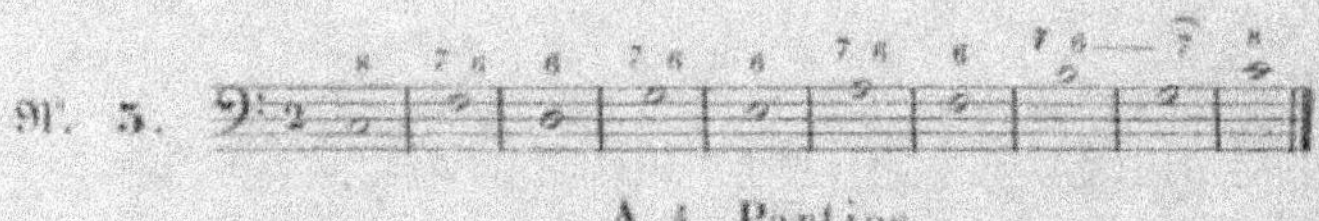

A 4 Parties.

N°. 6. 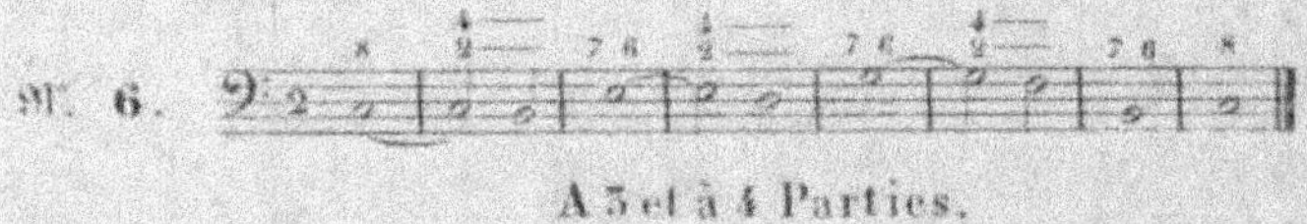

A 3 et à 4 Parties.

N°. 7. 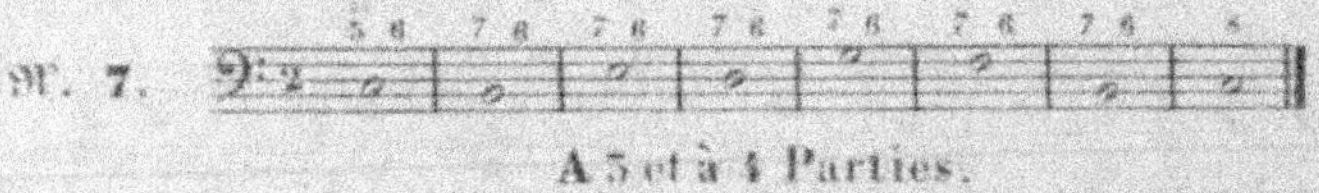

A 3 et à 4 Parties.

avec retard à la basse.

N°. 8. 

A 3 et à 4 Parties.

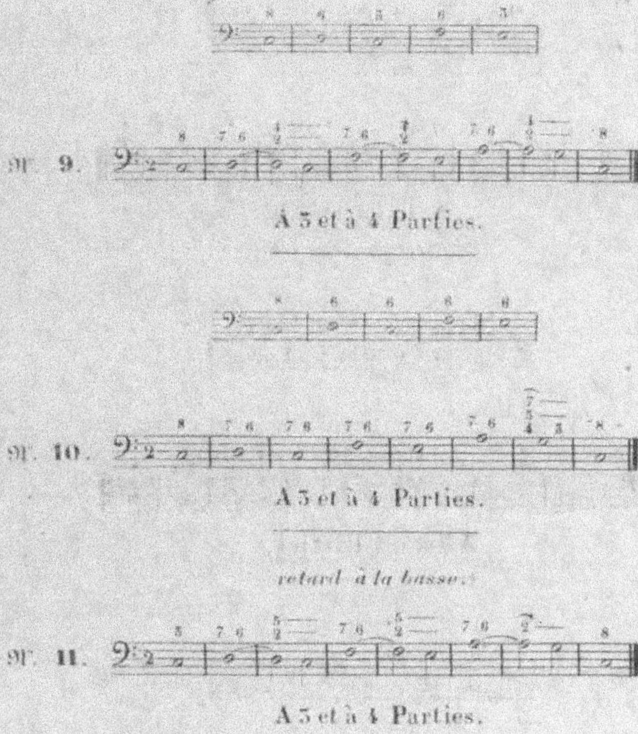

N°. 9.

À 3 et à 4 Parties.

N°. 10.

À 3 et à 4 Parties.

retard à la basse.

N°. 11.

À 3 et à 4 Parties.

PROGRESSIONS MODULANTES.

N°. 12.

À 4 Parties.

On peut n'employer que l'un ou l'autre des retards.

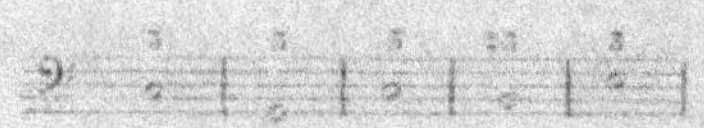

N°. 13.
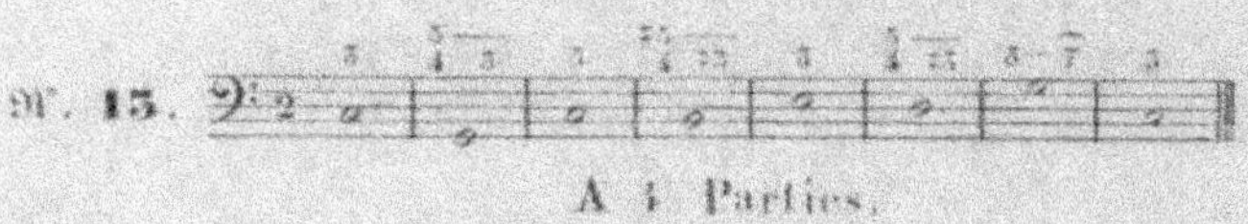

N°. 14.

retard à la basse.

N°. 15.

avec la 7.e de dominante.

N°. 16

N°. 17.

Nr. 18.*

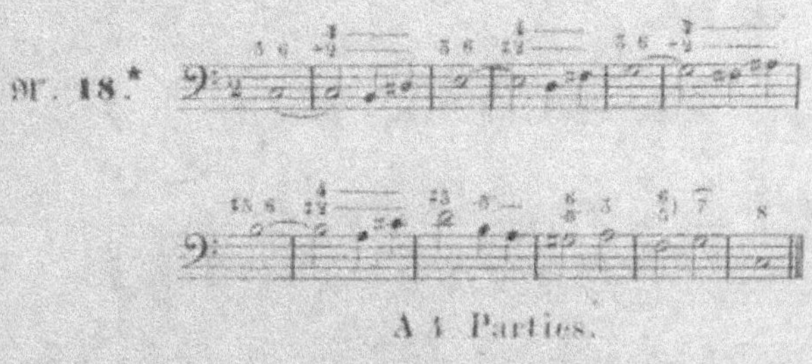

À 4 Parties.

(★) Cette progression peut recevoir un grand nombre d'harmonies; on la chiffrera et on l'écrira de neuf autres manières différentes. On pourra changer les clefs, et même employer 5 clefs d'ut première ligne.

LEÇON SUR LES PROGRESSIONS DE QUARTES ASCENDANTES.

Nr. 77.
Basse donnée.

PROGRESSIONS DE QUARTES DESCENDANTES.

N.° 1.

L'harmonie suivante est la plus usitée.

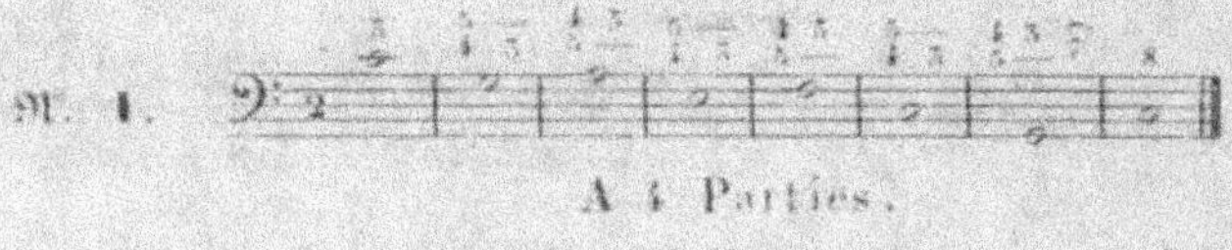

N.° 2.

N.° 3.

PROGRESSIONS MODULANTES.

N.º 4. 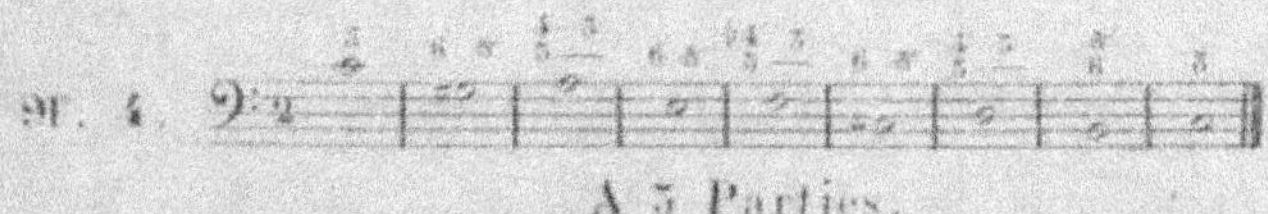

A 3 Parties.

N.º 5. 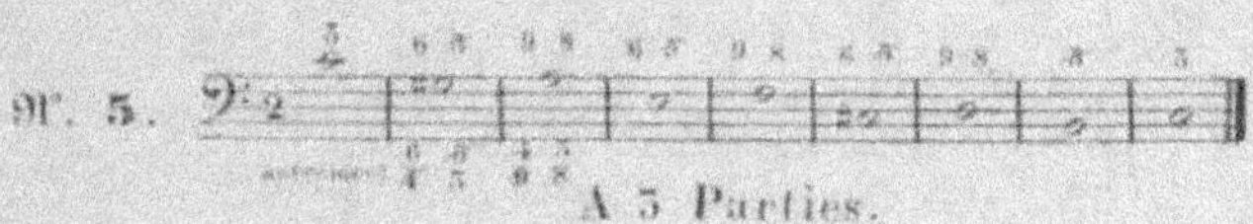

A 3 Parties.

N.º 6. 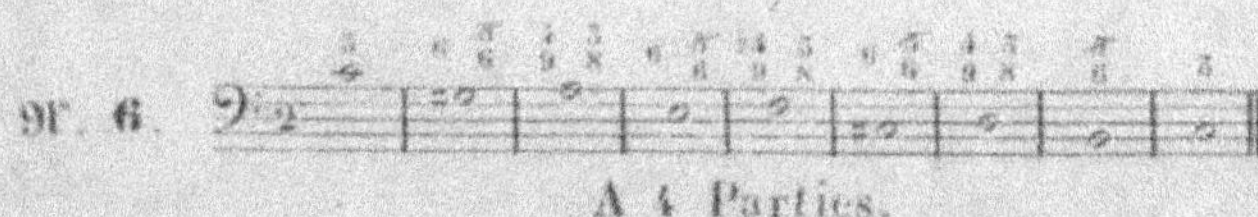

A 4 Parties.

On peut n'employer que l'un ou l'autre des retards.

autres harmonies.

cadences plagales.

N.º 7. 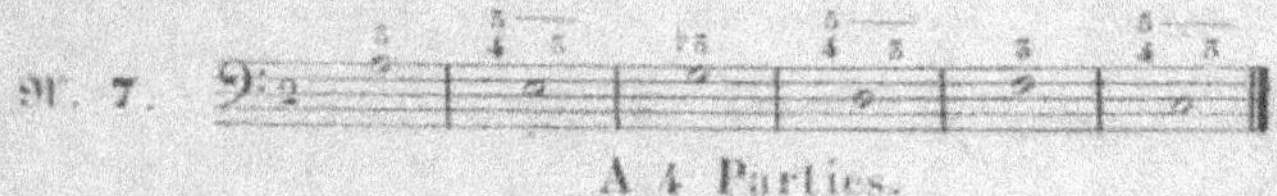

A 4 Parties.

repos à la dominante.

N.º 8. 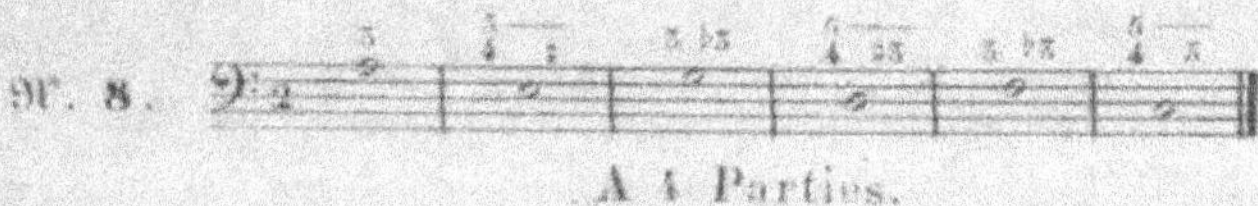

A 4 Parties.

LEÇONS SUR LES PROGRESSIONS DE QUARTES DESCENDANTES.

à 4 Parties.

PROGRESSIONS DE QUINTES ASCENDANTES.

N.º 1.

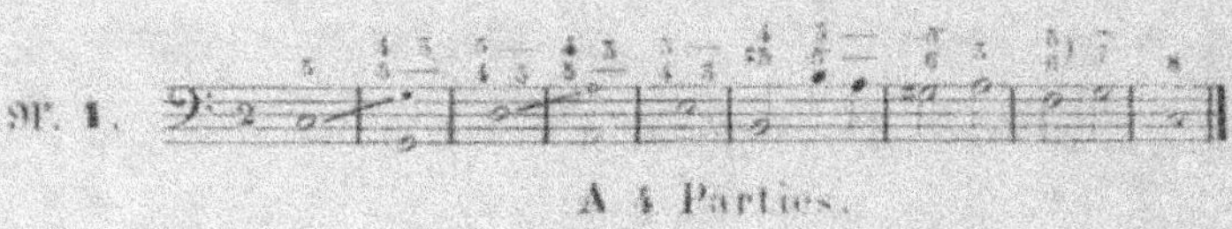

A 4 Parties.

PROGRESSIONS MODULANTES.

N.º 2.

A 4 Parties.

N.º 3.

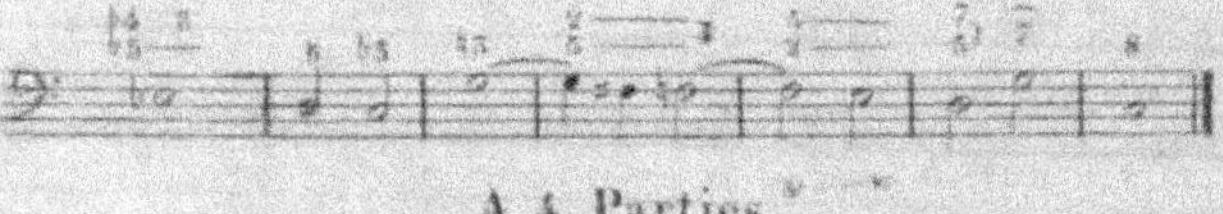

A 4 Parties.

LEÇON SUR LES PROGRESSIONS DE QUINTES ASCENDANTES.

Nᵒ. 80.
Basse donnée.

à 4 Parties.

PROGRESSIONS DE QUINTES DESCENDANTES.

(Théorie. Voir le parag. 259.)

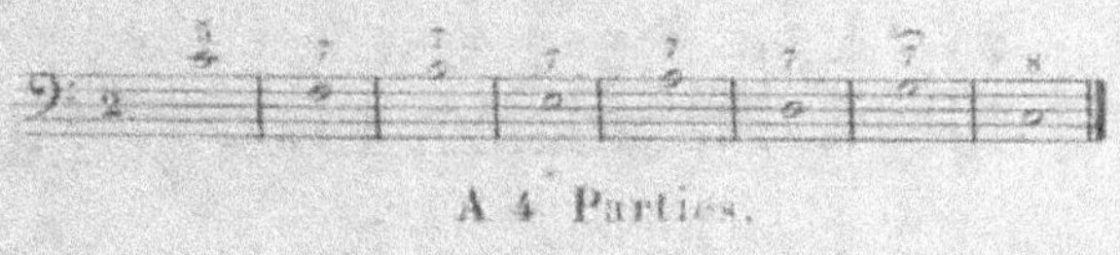

A 4 Parties.

autrement.

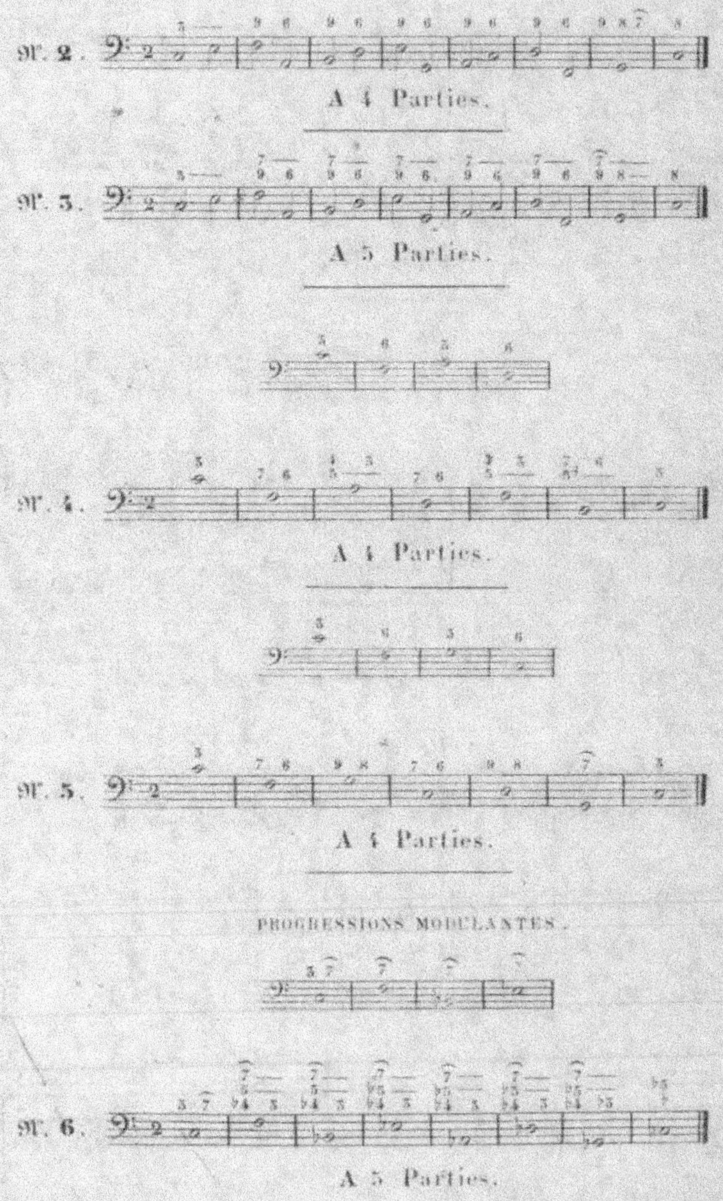
N°. 2.
A 4 Parties.
N°. 3.
A 5 Parties.
N°. 4.
A 4 Parties.
N°. 5.
A 4 Parties.
PROGRESSIONS MODULANTES.
N°. 6.
A 5 Parties.

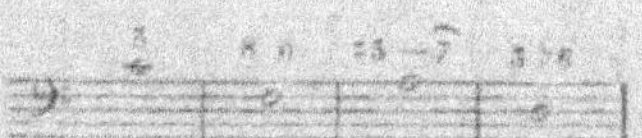

N° 7. 

A 4 Parties.

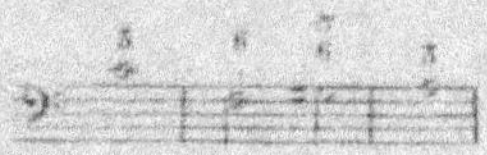

N° 8. 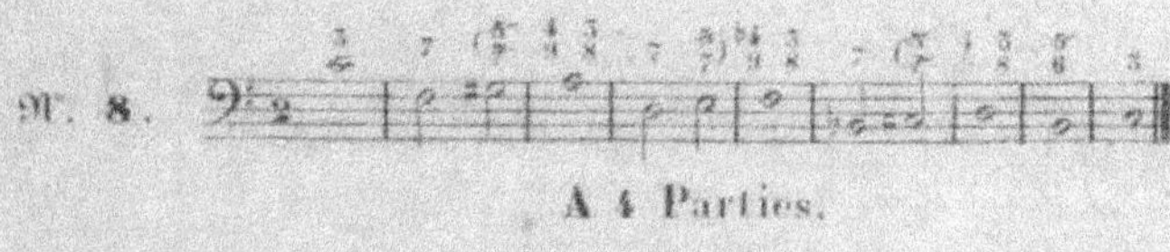

A 4 Parties.

N° 9. 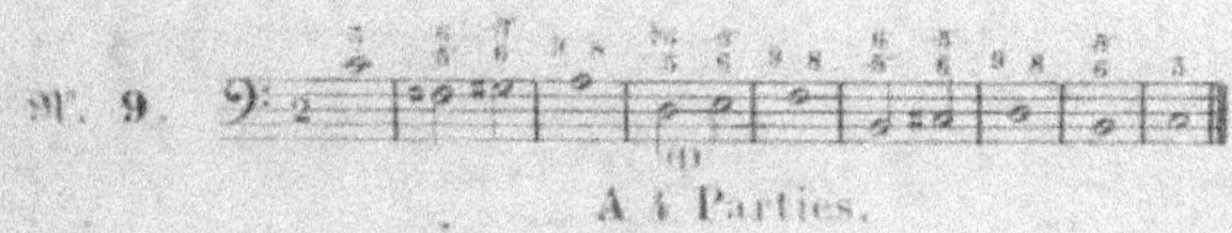

A 4 Parties.

N° 10. 

A 4 Parties.

(1) Cette harmonie de Sixte sur-Quinte qui ne provient pas d'une septième de dominante est employée ici par analogie de forme avec l'harmonie précédente.

(2) Même remarque que ci-dessus.

N°. 81.
Basse donnée.

à 4 Parties.

Théorie. *Étudiez le chap: XXIX jusqu'au parag: 256 inclusivement.*

LEÇONS POUR L'EMPLOI DE LA PROLONGATION DE LA 7.
DE DOMINANTE SUR LA TONIQUE.

(Chap XXIX)

N°. 82.
Basse donnée.

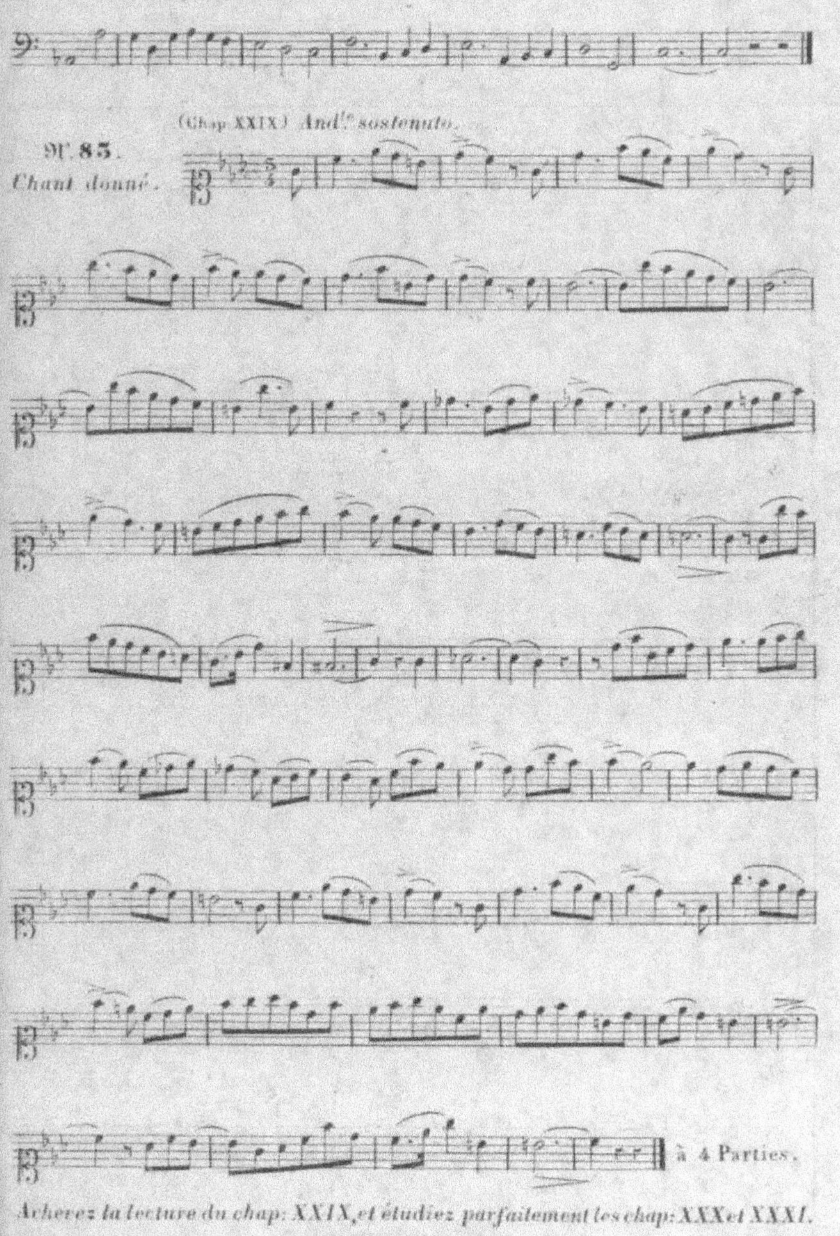

Achevez la lecture du chap: XXIX, et étudiez parfaitement les chap: XXX et XXXI.

CINQUIÈME SECTION.

ALTÉRATIONS, HOMOPHONIES. ENHARMONIES.

LEÇONS POUR L'EMPLOI DES ALTÉRATIONS DANS LES ACCORDS CONSONNANTS.

(Chap. XXXI)

N°. 84.
Basse donnée.

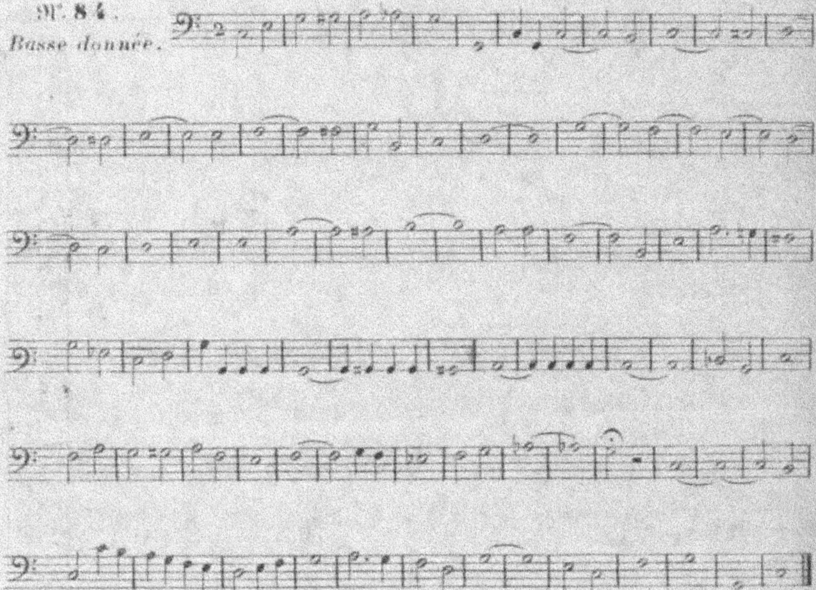

(Chap. XXXI) *Andante.*

N°. 85.
Chant donné.

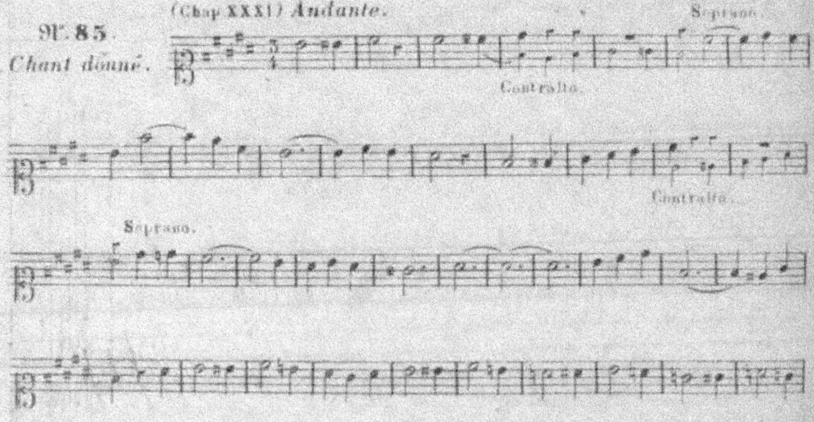

Théorie. Étudiez entièrement le chapitre XXXII.

LEÇONS POUR L'EMPLOI DES ALTÉRATIONS

DANS LES ACCORDS DISSONNANTS.

(Chap. XXXII)

N°. 86.
Basse donnée.

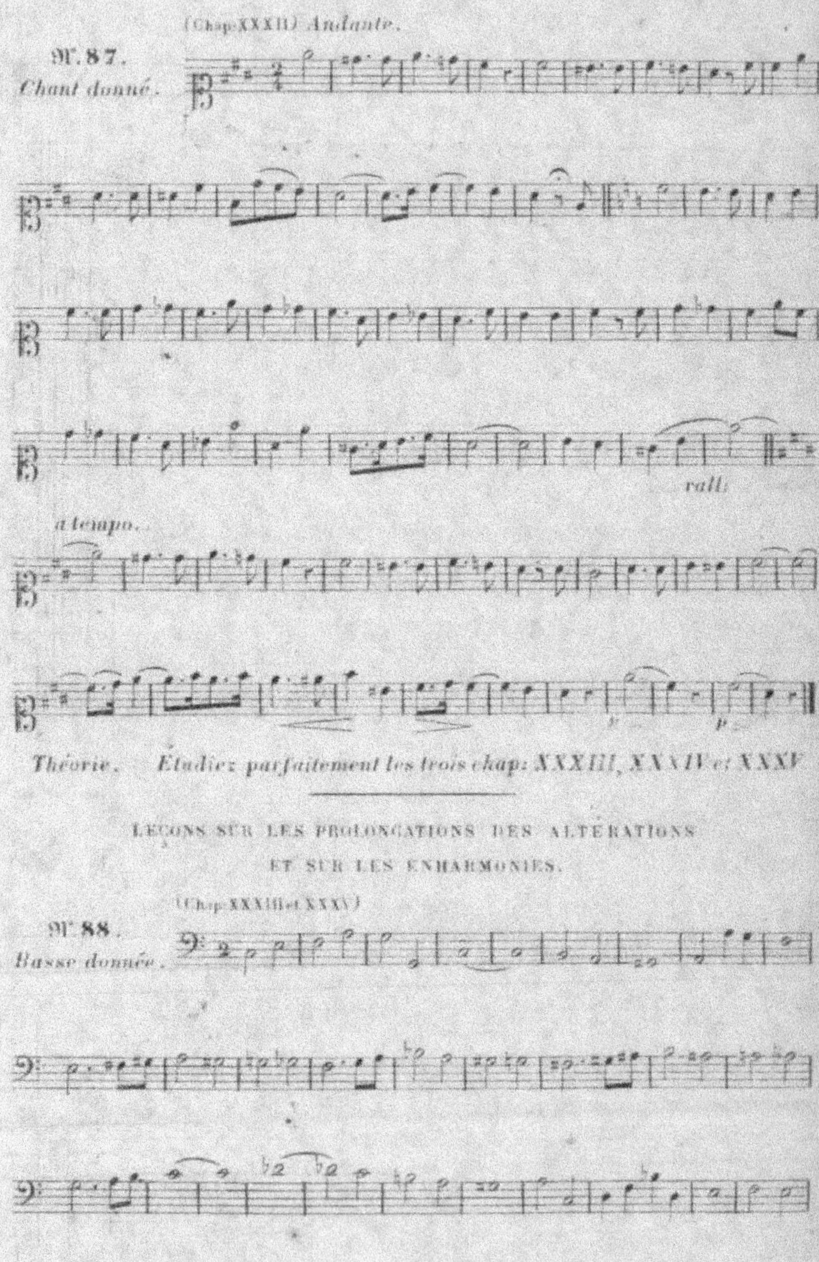
(Chap. XXXII) Andante.
N°. 87.
Chant donné.
a tempo.
rall.
Théorie.   Étudiez parfaitement les trois chap: XXXIII, XXXIV et XXXV

LEÇONS SUR LES PROLONGATIONS DES ALTÉRATIONS
ET SUR LES ENHARMONIES.
(Chap. XXXIII et XXXV)
N°. 88.
Basse donnée.

Théorie. Étudiez le chapitre XXXVI.

SIXIÈME SECTION.

ARTIFICES MÉLODIQUES, PÉDALES.

LEÇON POUR L'EMPLOI DES NOTES D'APPOGGIATURE ET D'ANTICIPATION.

LEÇONS POUR L'EMPLOI DES PÉDALES.

PÉDALES SUPÉRIEURES ET INTERMÉDIAIRES.

(Chap. XXXVII)

N.º 92.
Basse donnée.

(1) La pédale placée à la basse peut être plus ou moins étendue, cela dépend de la fantaisie ou de l'imagination de celui qui écrit la leçon.

Théorie. Achevez la lecture du chap. XXXVII et étudiez l'article I.er de l'Appendice.

APPENDICE.

LEÇON CONTENANT UN CONTRE-POINT DOUBLE.

(Article 1.er)

N.º 94.
Basse donnée.

Appendice, article II et dernier.

LEÇONS SUR L'ENSEMBLE DES ÉTUDES.

N.º 95.
Chant donné.

(1) Voyez la Théorie, chapitre XXXV, parag: 324, alinéa F.

N° 99.
Chant donné.
Moderato.
Pédale.

N.º 100.
Basse donnée.

N.º 101.
Chant donné.

N° 102.
Basse donnée.

N° 103.
Chant donné.
N° 104.
Basse donnée.

Lento.
N. 105.
Chant donné.
N. 106.
Basse donnée.
p
p
p
p
pp
pp

Moderato.

№. 107.
Chant donné.

№. 108.
Basse donnée.

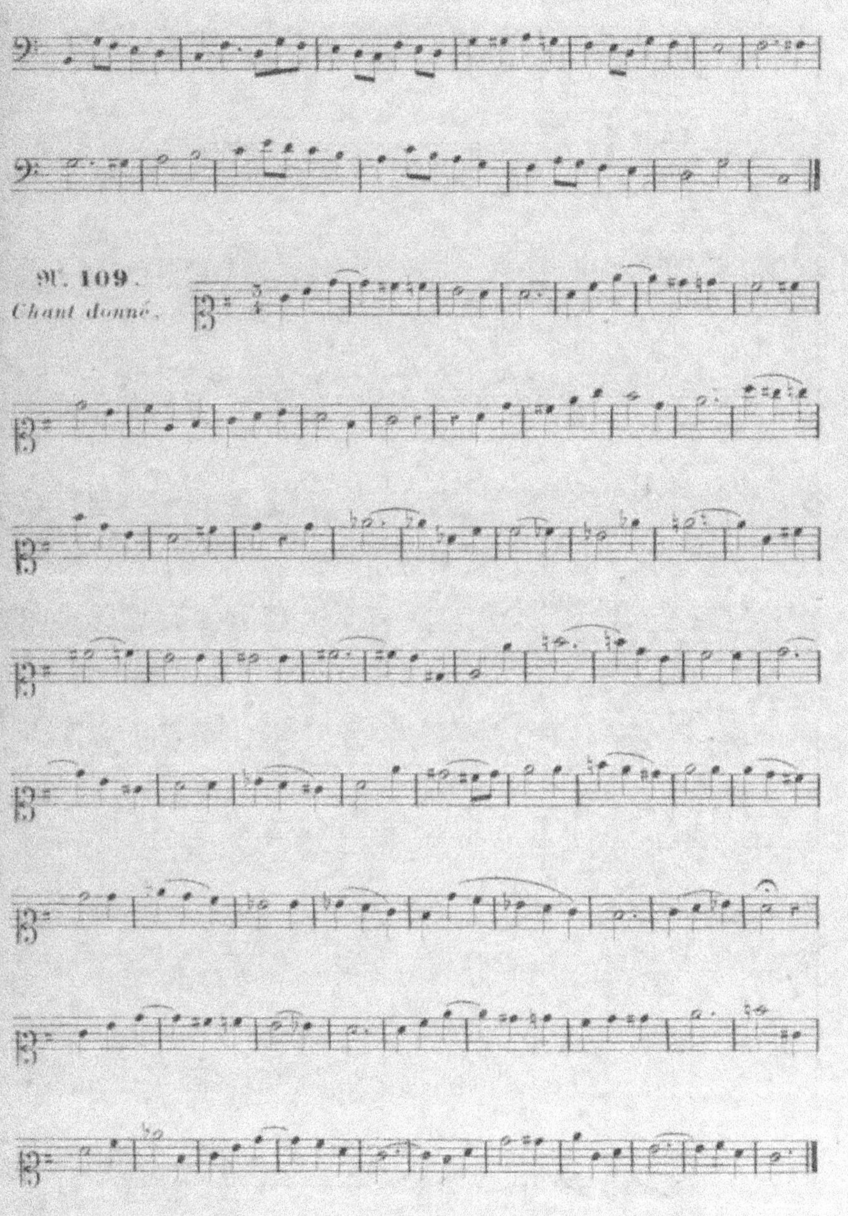
N. 109.
Chant donné.

N.º 110.
Basse donnée.

N.º 111.
Chant donné.

N.º 112.
Basse donnée.

Nᵒ 115.
Chant donné.

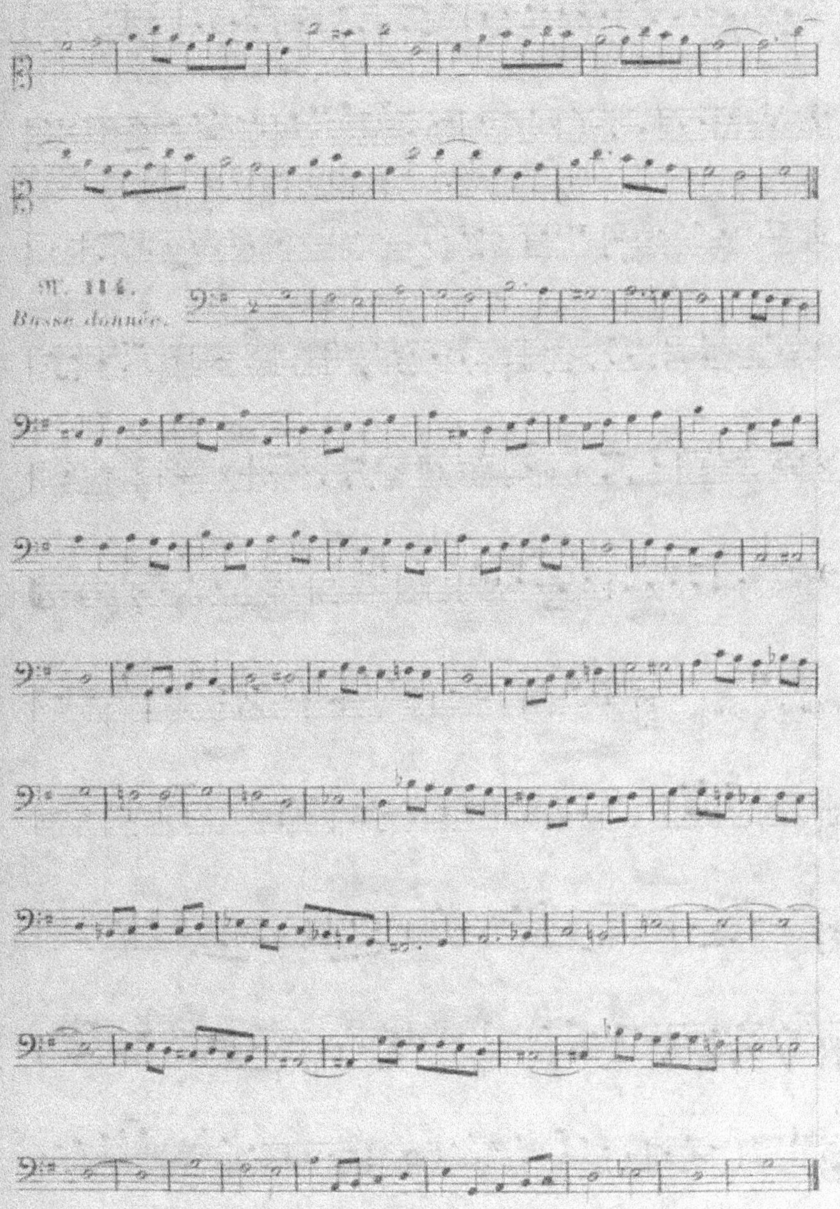
N.º 114.
Basse donnée.

N.º 113.
Chant donné.
Lento.

N°. 116.
Basse donnée.

N°. 117.
Chant donné.

N°. 118.
Basse donnée.
rall:
p

N°. 119.
Chant donné.
Andante.
Pedale

Moderato sostenuto.
Nᵒ 120.
Chant donné.